高校教学质量
提升路径与策略研究

刘有军　王猛　著

延吉·延边大学出版社

图书在版编目（CIP）数据

高校教学质量提升路径与策略研究 / 刘有军，王猛
著． -- 延吉 ： 延边大学出版社，2025．2． -- ISBN 978-
7-230-07956-3

Ⅰ．G649.21

中国国家版本馆 CIP 数据核字第 2025RK5791 号

高校教学质量提升路径与策略研究

著　　者：刘有军　　王　猛

责任编辑：朱秋梅

封面设计：战　辉

出版发行：延边大学出版社

社　　址：吉林省延吉市公园路 977 号

邮　　编：133002

网　　址：http://www.ydcbs.com

E-m a i l：ydcbs@ydcbs.com

电　　话：0451-51027069

传　　真：0433-2732434

发行电话：0433-2733056

印　　刷：三河市同力彩印有限公司

开　　本：787 mm×1092 mm　1/16

印　　张：8.5

字　　数：160 千字

版　　次：2025 年 2 月　第 1 版

印　　次：2025 年 2 月　第 1 次印刷

ISBN 978-7-230-07956-3

定　　价：68.00 元

前　言

在当今高等教育蓬勃发展的时代浪潮下，提升高校教学质量已成为教育领域的核心议题。高校作为培养高素质人才的摇篮，其教学质量直接关乎着国家未来的发展。

本书聚焦于高校教学质量这一关键命题，对高校教学质量的提升路径与策略展开深入且全面的探究。第一章通过对高等教育与高等教育质量的剖析，厘清相关概念，为后续研究筑牢根基。从第二章起，逐步拓展视野，探讨了标准体系建设的相关问题，在第三章探讨了高校教学质量决策实施系统建设的各方面要点。

教学督导队伍建设是教学质量稳步提升的坚实后盾，第四章论述了高校教学督导队伍建设的各方面要点，让读者明晰教学督导机构的构成以及教学督导人员的选聘、培训及其责任与义务。第五章探讨了高校质量监控体系的构成、质量监控目标体系建设、质量监控组织体系建设、质量监控制度体系建设以及质量监控指标体系建设，助力高校教学质量监控体系建设。

为了保证高校的教学质量，建立一个教学质量检测反馈系统是非常必要的，对于提高教学质量具有重要的意义和作用。第六章探讨了高校教学质量检测反馈系统建设，首先阐述了教学质量检测反馈系统的重要性，接着探讨了系统的构成及运行。第七章着重探讨了高校教育教学管理质量提升的综合策略。

本书期望能为高校教育工作者、研究者提供有益参考，共同促进高校教学质量的提升，为莘莘学子的成长成才铺就坚实之路。

目　录

第一章 高等教育与高等教育质量

20世纪90年代以后，我国高等教育进入了迅速发展的阶段，突出表现为各地高等院校的数量不断增多，原来并不普及的高等教育，开始向越来越多的民众开放。本章将从近代高等教育的诞生与发展切入，展开论述高等教育的相关概念和高校教学质量评估的现状。

第一节 高等教育质量概述

一、高等教育质量的含义

质量是高等教育发展的核心，是高等教育的生命线。提高教育质量是高校永恒的主题，这已成为全社会的共识，但高等教育质量的内涵和标准却一直是一个争论不休的话题。有人认为学生的成绩好、专业水平高就代表高等教育质量高；有人认为学生的实际解决问题能力和创新能力强则代表高等教育质量高；还有人认为学生的个人思想品质和人文素养好就意味着高等教育质量高。因此，重新审视高等教育质量的内涵是必要的。

关于高等教育质量内涵的争辩由来已久。从教育研究的理论层面来看，具有代表性的观点有十余种，如学术质量观、需求导向观、达成度观、目标适切观、绩效观、价值增值观、整体性质量观、机体质量观等。这些观点根植于不同的历史时期，从特定视角和维度对高等教育质量的本质与规律进行了深入的解读和分析，反映了特定历史阶段高等教育发展的需求，因此，每一种观点都具有其存在的合理性。

一般而言，高等教育质量应至少包含以下几方面的含义：一是用人单位对毕业生的满意程度，即"社会质量"；二是学生对高校教育的满意程度，即"内部质量"；三是教育的管理者和实施者（包括教育行政管理部门、高校领导与教师等）对高校教育工作的满意程度，即"工作质量"。高等教育质量的这三方面是互相联系、互相影响的，其中，"工作质量"是提高"社会质量"和"内部质量"的保证。

美国学者马丁·特罗把高等教育分为三个阶段，即精英阶段、大众化阶段、普及化阶段。每个阶段的培养目标不尽相同，因而其质量标准也不同，不能用精英阶段的质量标准来取代大众化阶段的质量标准。当今时代，高等教育自身的功能已大大拓展，随着办学主体的多元化、教育对象的大众化、社会需求的多样化，特别是高等教育大众化趋势的加速，人们对高等教育质量的认识和要求也应该与时俱进。转变传统的教育质量观念，树立全新的、多元化的高等教育质量观是持续提高教育质量的一个基本条件。

1998 年，在法国巴黎召开的世界高等教育会议明确指出，高等教育的质量是一个多层面的概念，对学校、国家和地区的具体情况应予以应有的重视，要考虑多样性和避免用一个统一的尺度来衡量高等教育质量。可见，高等教育质量是一个多维和变化的概念，可以说，这是对以往高等教育质量概念的一个重要突破与发展。如果对高等教育质量概念的理解过于狭隘，就会不利于学校整体质量水平的提升。因此，全新的高等教育质量观应该是发展的、多元化的质量观。

二、现代教育质量管理理念

（一）以人为本

"以人为本"是一种全新的教育质量管理理念。这种理念主张教育质量管理的根本目的是促进人的发展，认为在学校的教育质量管理中，应该充分依靠广大师生员工，尊重广大师生员工，凝聚广大师生员工的合力，充分开发广大师生员工的潜能，最终促进广大师生员工的全面发展，继而实现学校的发展目标。

学生是高校的生存之本，而教师则是高校的立足之本。因此，在高校教育质量管理中，"以人为本"就是要以学生为本，以教师为本。

以学生为本，就是要关心学生、尊重学生、理解学生、服务学生。在培养目标上，要关注和尊重学生自我生存、自我发展的需要，根据社会的发展需要、学生的认知水平和智能潜质设计人才培养目标，着眼于学生全面、和谐的发展；在培养模式上，要把学生当作具有个性的个体，而不是单纯被灌输知识的对象，高校的培养模式要多样化，注重不同学生的不同发展需求，要有一定的灵活性，满足不同学生的个性发展需要。以学生为本，就是要尊重学生在学校中的主体地位，在教育质量管理中要尊重学生的价值、尊重学生的权利，要让学生积极参与学校的教育质量管理。

以教师为本，就是要确立教师在学校办学中的主体地位，在学校的教育质量管理中要尊重教师的价值，关注他们对教育和管理工作的意见和建议，客观公正地评价教师的工作业绩和工作质量，营造和谐的工作环境。以教师为本，就是学校的一切管理活动都要以充分调动广大教师的积极性、主动性和创造性为目的，尽可能地满足教师的需求，要在关注教师的生活需求和工作环境的同时，更多地关注教师对个人发展这一高层次的需求，为教师创造良好的教学和科研环境，不断提高教师的教学水平与科研水平。

（二）全面质量管理理念

在质量管理活动中，全面质量管理理念得到了广泛应用。该理念主要建立在人的发展与系统论的基础上，是对这两者的应用。全面质量管理中主要有三种管理类型：过程上的全面管理、方向上的全面管理、人员上的全面管理。

过程上的全面管理要求教育质量管理的每一个细节都必须与教学目标保持一致，以预防为主，确保教学监控贯穿于教学活动的全过程。过程上的全面管理强调的是教学过程，并非教学结果与教学评价。

方向上的全面管理指的是要对教育质量管理的全部影响因素进行监管和控制。这些影响因素包括教学（教学条件、学生资质、师资力量）、教育（培养目标、校园文化、招生与毕业生质量、培养方案）、管理（教育管理质量、管理层次、高校定位）三种。

人员上的全面管理展现出了教育质量管理的重心在于人，要求教师与学生都要具备质量管理意识。人员上的全面管理强调全员参与，高校教育质量管理的任务不能仅仅交给领导与专门负责管理的管理人员，而应由全体师生共同承担。人员上的全面管理呼吁师生共同参与教育质量管理活动，从而从根本上提升教育质量。

三、高等教育质量管理的内容

教师周密的教学设计和充分准备是取得教学成功的根本保证。教师的课前准备包括制定教学大纲,根据大纲要求选择合适的教材和学生参考书目,根据教学日历制定教学进度表,搜集和研究教学案例,确定课堂讨论题目,设计课后作业,撰写备课笔记等。学校管理部门在新学期开始时应仔细检查教师是否认真完成了课前准备工作,如美国某大学的做法是要求教师将能够反映其教学准备情况的材料集中交给学校的教师评价委员会,作为反映教师教育质量的基础档案或佐证材料。教学部(或教研室)或课程教学小组应组织教师认真制订教学计划和教学大纲,确保每个教师都能深刻领会、全面掌握大纲的要求。教学部(或教研室)或课程教学小组应组织集体备课,以汇聚智慧、促进相互学习。

(一)课堂教学质量管理

课堂教学是教育活动最基本的形式,是保证教育质量的重要环节之一。现阶段,课堂教学是高等学校教学的基本组织形式,在教学过程中具有十分重要的地位。因此,做好课堂教学的质量管理工作,对于保证教育质量起到了至关重要的作用。

为了保证课堂教学的质量,学校的教学管理部门应通过听课、定期的教学检查和学生教学信息员制度,及时收集各种教学信息,一旦发现偏差,应及时采取措施予以纠正。教学督导要深入课堂进行听课,及时给予教师指导。同时,教学部(或教研室)或课程教学小组也可以定期组织教师开展教学研究和相互听课的活动,让教师之间相互学习教学经验。

(二)课后辅导质量管理

课后辅导是教学过程的一个重要环节,它是课堂教学的重要补充。在教学过程中,师生之间的学术交流是促进学生各方面发展、提高学生专业水平的重要途径。课后辅导的目的在于通过教师与学生的讨论,帮助学生掌握所学内容,指导学生自主学习。确保课后辅导的质量是教育质量管理的一个重要环节。美国许多大学都通过学期末对学生的问卷调查对教师的课余辅导情况进行跟踪检查。问卷中的问题涉及教师是否为学生安排了方便、充足的见面答疑时间,教师是否及时通过电话、电子邮件等形式回复学生各种有关课业方面的询问，教师是否认真指导学生组建学习小组等。

四、教学质量管理的常用手段

教学质量管理常用的手段有教学督导、日常教学质量检查、教学工作评价制度、学生教学信息员制度、导师制度等。

（一）教学督导

教学督导是高校提高教学管理水平和教学质量的有效手段。教学督导一般由教学经验丰富、学术水平高、责任心强的具有高级职称的教师担任。教学督导的主要任务就是根据高校的人才培养目标和教学的基本规律，对教学活动及教学管理的全过程进行检查、监督、评价和指导，为高校决策部门提供改进教学及管理的依据和建议，从而提高教学质量。教学督导既要调研学校教学工作中全局性的问题，及时向有关部门提供信息、提出建议，又要对教学全过程进行监督。教学督导的主要职责是督教、督学、督管。

督教，就是对教师教学全过程的主要教学环节进行检查和指导，既要对教学思想、教学态度、专业知识、教学能力、教学方法和教学效果等进行检查和指导，也又要对教师的学术科研、教学改革、业务进修等进行检查和指导。

督学，就是对学生学习活动的全过程进行全方位的督导。学生的学习质量主要表现为学生的能力和取得的成绩，它是学生在教师的指导下，通过学习活动取得的成果。督学的目的就是教会学生学习，促进学生自我学习能力的提高，激发学生学习的积极性和主动性，满足每一个学生个性化发展的需要。

督管，就是根据高校的人才培养目标，对教学计划、教学大纲、教学管理规章制度以及教学管理全过程的有关活动进行监督和指导，不断提高高校的教学管理水平。

（二）日常教学质量检查

日常教学质量检查是提高高校教学质量的最基本的手段。根据内容和方式的不同，日常教学质量检查分为全面检查和专项检查、定期检查和不定期抽查。检查内容包括教学课程质量、作业批改质量、辅导答疑质量、教学部（或教研室）活动情况、导师工作质量等。各教学环节的经常性检查，可以通过抽查学生作业、分析平时测验及期中考试成绩和试卷、召开座谈会、检查性听课等方式进行。定期的教学检查，一般每学期有三次，即开学前教学准备工作检查、期中教学检查和期末教学检查。在日常教学质量检查中，可以通过检查了解教学情况，及时发现问题，然后进行教学信息的反馈，并对发现的问题加以解决。这一手段可以对规范教学工作和管理起到积极的作用。

（三）教学工作评价制度

教学工作评价是实施教学质量管理的主要环节，是判断和衡量各主要教学环节教学质量的有效手段。做好教学工作评价，首先要明确目标，要有一个科学的评价体系。其次，学校、学院（系）可设立一定的组织机构，如教学工作评价领导小组，也可以赋予教学工作委员会相应的职责来完成教学工作评价。教学工作评价要和学校的激励机制和约束机制相结合，通过评价调动教师和管理人员的积极性，激发学生学习的自觉性，增强广大师生员工的凝聚力。

教学工作评价一般包括：院（系）教学工作评价、课程评价、各项教学基本建设评价、教师教学质量评价和学生学习质量评价。

院（系）的教学工作是学校教学工作的基础，其教学工作质量直接体现了学校教学工作的质量。因此，开展院（系）教学管理工作评价，能更好地落实校、院两级的管理职能，能更好地发挥教学单位的工作积极性，引导各院（系）积极落实学校人才培养目标，有效开展教学改革和教学建设工作。

课程是决定人才培养目标、实现人才培养规格的关键。因此，课程评价是教学质量评价的一项重要内容。课程质量包括课程设置质量和课程实施质量，评价的内容应包括课程的功能、课程的目标、课程的保障条件、教学内容、教学方法和教学手段等。

教师的教学质量很大程度上会影响学生的学习质量，因此，对教师教学质量的评价是教学质量评价的重点。在对教师的教学工作进行评价时，应该注意评估内容的全面性和评估主体的多元化。评估内容不仅应包括对教师课堂教学质量、专业知识和科研能力的评估，还应包括对教师的师德、课后指导、与学生的关系等方面的评估。可以通过领导、专家、同行听课和对学生进行问卷调查等形式，进行领导评议、专家评议、同行评议和学生评价。

学生的学习质量是教学质量的重要标志，因此，做好学生学习质量评价，有利于学校改进教学质量，有利于学生全面、和谐的发展。对学生学习质量的评价应该着眼于学生整体的发展质量，评价内容应包括道德素养、智力水平、体质健康和审美能力等个体素质的发展状况以及专业课、公共课和通识课程的学习质量。

（四）学生教学信息员制度

学生是教师教学的对象。他们参与课堂教学的全过程，对教师的教学态度、教学内容、教学方法、教学水平感受深刻。因此，建立学生教学信息员制度，可以收集各种教学信息，及时了解学生的学习状况，听取学生对课堂教学、教学管理、教学改革等方面的意见和建议。

（五）导师制度

导师制度是指在实行学分制的条件下，聘请有经验的专业教师担任导师，负责指导学生的学业，指导学生合理安排学习进程和遵守学校制度，导师制度是实施和完善学分制的重要保证，也是保证教学质量的重要手段。

导师制度可以充分发挥教师在教学过程中的主导作用，密切师生之间的关系，使教师在了解学生的兴趣、爱好、特长的基础上有效地指导学生合理制订选课计划，把因材施教落实到每个学生的身上，为学生的个性健康发展提供良好的环境。在导师的指导下，学生可以按照个人的特点和兴趣，选择适合自己的发展方向，积极开展社会实践和科研活动。在导师的指导下，学生可以提升科研技能，为今后的学习打下坚实的知识、能力和素质基础。因此，导师制度对保证人才培养的质量起到了积极的作用。

一般来说，导师制度分为两个阶段。大学一、二年级为第一阶段，学生入学后通过双向选择确定导师。这一阶段主要是加强对学生的教育和指导，让学生了解大学学习的目标和方法，为学生介绍大学学习的特点和要求以及所学专业的概况和发展前景，并对学生进行必要的选课指导。大学三、四年级为第二阶段，以学生参加导师的科研活动为主要内容，对学生进行科研能力训练和科学素养的培养，同时还应对学生进行学业和择业的指导。

英国某高校也通过导师制来确保教学质量。其具体的做法与我国高校有所不同。学生一入学就分配专门的导师，一名导师带1～3名学生，每周至少有一次面对面的学习交流机会，导师对学生的学习和就业等方面进行指导。学生可以在与导师的交流中解决他们在学习中遇到的困难，导师也可以得到及时的反馈。导师和学生之间保持一种和谐民主的关系，对学生进行个别启发引导，激发和培养学生的自主学习能力。这种近距离的交流，使高校的教学质量得到有效的保证。

第二节 高校教学质量评估现状

一、当前我国高校教学质量评估的政策基础

（一）《中华人民共和国高等教育法》

我国是教育大国，自古以来都比较关注教育。现阶段，我国重视培养高素质的社会所需要的人才，从法律上赋予了每一个人接受教育的权利，并从法律角度对各个阶段的教育教学质量提出了要求。

当前，我国所施行的《中华人民共和国高等教育法》是教育方面的最高层次的法律。该法于 1999 年 1 月 1 日开始实施，在 2015 年和 2018 年先后经历了两次修订。在推动我国各级各类学校的教学改革方面，《中华人民共和国高等教育法》发挥了十分重要的作用。

（二）《高等学校信息公开办法》

为推动高校教学的发展与进步，使高校教学适应新时期社会发展的要求，我国于 2010 年 9 月 1 日开始施行的《高等学校信息公开办法》，要求公开高校的各项信息，以便更好地接受学生、教师、家长以及整个社会的监督，不断提高教学质量。

《高等学校信息公开办法》第二章第七条指出，高等学校应当主动公开以下信息：

（1）学校名称、办学地点、办学性质、办学宗旨、办学层次、办学规模，内部管理体制、机构设置、学校领导等基本情况。

（2）学校章程以及学校制定的各项规章制度。

（3）学校发展规划和年度工作计划。

（4）各层次、类型学历教育招生、考试与录取规定，学籍管理、学位评定办法，学生申诉途径与处理程序；毕业生就业指导与服务情况等。

（5）学科与专业设置，重点学科建设情况，课程与教学计划，实验室、仪器设备配置与图书藏量，教学与科研成果评选，国家组织的教学评估结果等。

（6）学生奖学金、助学金、学费减免、助学贷款与勤工俭学的申请与管理规定等。

（7）教师和其他专业技术人员数量、专业技术职务等级，岗位设置管理与聘用办法，教师争议解决办法等。

（8）教师和其他专业技术人员数量、专业技术职务等级，岗位设置管理与聘用办法，教师争议解决办法等。

（9）财务、资产与财务管理制度，学校经费来源、年度经费预算决算方案，财政性资金、受捐赠财产的使用与管理情况，仪器设备、图书、药品等物资设备采购和重大基建工程的招投标。

（10）自然灾害等突发事件的应急处理预案、处置情况，涉及学校的重大事件的调查和处理情况。

（11）对外交流与中外合作办学情况，外籍教师与留学生的管理制度。

（12）法律、法规和规章规定需要公开的其他事项。

《高等学校信息公开办法》的施行为本科教学质量报告的公开奠定了制度基础。

（三）其他法律法规

进入 21 世纪，我国更加重视学校教育的发展，在高校教育方面，先后出台了一系列的法律法规，对高校教学工作的开展进行规范（表 1-1），从各个角度和各个方面来推动高校教学质量的改进。

表 1-1 21 世纪以来我国规范和促进高校教学质量的相关法律法规

年份	法律法规
2001 年	《国家大学科技园"十五"发展规划纲要》 《关于加强高等学校本科教学工作提高教学质量的若干意见》
2005 年	《关于进一步加强高等学校本科教学工作的若干意见》
2007 年	《普通高等学校本科教学工作水平评估学校工作规范（试行）》 《普通高等学校本科教学工作水平评估专家组工作规范（试行）》
2010 年	《国家中长期教育改革和发展规划纲要（2010—2020 年）》
2012 年	《教育部关于普通高等学校本科教学评估工作的意见》
2018 年	《教育部关于加快建设高水平本科教育全面提高人才培养能力的意见》

二、当前我国高校教学质量评估的综合现状

（一）我国高校教学质量检测与评估现状

为全面了解我国高校教学质量检测与评估的整体情况，对 2022 年公布的全国普通高等学校名单中的一千多所普通本科院校进行了调查，筛选出独立设置教学质量监测与评估机构的高校 230 所，通过对这 230 所高校进行调查、数据统计、数据分析，对我国高校教学质量检测与评估现状有了以下大致的了解。

1.高校教学质量主管部门

在所调查的 230 所独立设置教学质量监测与评估机构的高校中，国家部委主管的有 12 所；省/直辖市/自治区政府主管的有 143 所；省/自治区教育厅/直辖市教委主管的有 75 所，由此可以了解到在我国高校设立的教学质量检测与评估机构中，其不同级别主管部门的占比，并与同类主管部门高校进行比较（表 1-2），最终发现，在相同的外部制度环境下，不同高校的机构设置存在着不同的"合法化危机"，危机感强的高校更注重主动去提升教学质量，基于本校的教学发展，高校也会主动设立教学质量检测与评估部门，这些高校往往是国家或省市的重点高校。

表 1-2 我国高校教学质量主管部门情况

主管部门	数量	比例	占同类高校比例
国家部委	12	5.22%	10.62%
省/直辖市/自治区政府	143	62.17%	20.40%
省/自治区教育厅/直辖市教委	75	32.61%	18.07%

2.高校教学质量机构名称

当前，在我国高校中，教学质量机构的名称选择在很大程度上是由其机构职能所决定的，通过关键词整理，可以大致了解我国高校教学质量的机构名称及其职能侧重点的不同（表 1-3）。

表 1-3　我国高校教学质量机构名称及其职能侧重

序号	关键词	次数
1	质量	142
2	教学质量	112
3	评估	109
4	中心	104
5	办公室	71
6	监控	62
7	监测	47
8	处	44
9	管理	34
10	评价	23
11	发展	15
12	督导	13
13	监督	9
14	保障	6
15	委员会	5
16	规划	6
17	督查	4
18	评建	4
19	研究	4
20	教育质量	3
21	促进	2
22	绩效	2

通过对表 1-3 进行分析，可以看出大多数学校都能清楚地认识到学校教学质量工作的重点和核心，将教学质量评估、监控、评价、管理作为主要职责。部分高校认为教学质量相关机构在学校教学质量方面更多地发挥督导、监督的作用；还有部分高校认为该类机构应具有规划、研究和绩效考核职能；也有一小部分高校将教学质量管理部门作为学校内部行政机构看待，用"中心、办公室、处"等字词命名。

3.高校教学质量机构职责

经过分析发现，我国高校教学质量机构的主要职责为检测、监控、管理、评估、督查等（表 1-4）。

表 1-4 高校教学质量机构职责关键词频数汇总

序号	职责	次数	序号	职责	次数
1	监测	173	6	咨询	34
2	监控	131	7	研究	25
3	管理	102	8	规划	19
4	评估	97	9	考核	19
5	督查	89	10	指导	12

4.高校教学质量机构成员

经调查分析发现，当前我国高校教学质量机构的成员人数大都不多，一般为 2～4 人，最多不超过 10 人（表 1-5）。

表 1-5 高校教学质量机构人员情况

人员数量	机构数	人员数量	机构数
2 人及以上	26	6 人及以上	9
5 人及以上	13	9 人及以上	6
3 人及以上	25	7 人及以上	2
4 人及以上	17	8 人及以上	1

（二）我国高校教学质量保障体系建设的现状

通过对我国高校教学质量保障审核情况进行调查分析，可以看出多数专家与学者更加关注教学质量保障体系和质量监控，几乎全部忽视质量信息利用、质量改进。整体来看，我国各类高校出于迎评需求建设的教学质量保障体系同质化有余，但多样性不足。学校在建立质量保障体系、成立组织、开展质量监测活动等方面的工作做得比较到位，但是在质量信息利用和质量改进上缺乏自主性，自我评估活动开展不足（表 1-6、表 1-7）。质量保障工作总体还停留在规范化阶段，有待进一步深入。

表 1-6 高校教学质量审核要素意见统计

审核要素	评估意见	审核意见	占比（%）
教学质量保障体系	25	22	37.29%
质量监控	12	20	33.90%
质量信息及利用	0	8	13.56%
质量改进	0	9	15.25%

表 1-7 高校教学质量审核要点意见统计

审核要点	肯定之处	占比	评估意见	占比
质量标准建设	3	8.11%	5	8.47%
学校质量保障模式及体系建构	13	35.14%	1	1.69%
质量保障体系的组织、制度建设	7	18.92%	10	16.95%
教学质量管理队伍建设	2	5.41%	5	8.47%
自我评估及质量监控的内容与方式	12	32.43%	15	25.42%
自我评估及质量监控的实施效果	0	0.00%	6	10.17%
校内教学基本状态数据库的建设情况	0	0.00%	0	0.00%
质量信息统计、分析、反馈机制	0	0.00%	8	13.56%
质量信息公开及年度质量报告	0	0.00%	0	0.00%

审核要点	肯定之处	占比	评估意见	占比
质量改进的途径与方法	0	0.00%	4	6.78%
质量改进的效果与评估	0	0.00%	5	8.47%

第三节 高校课堂教学质量评价问题

一、高校课堂教学质量评价的概念与类型

（一）课堂教学质量评价的概念

课堂教学质量评价是课堂教学系统的重要构成，是课堂教学活动的重要组成部分之一，具有重要的地位和作用。课堂教学质量评价是对课堂教学的教学效果的评价，是对课堂教学过程和教学成果给予价值上的判断，是学校科学化管理必不可少的一个环节。

（二）课堂教学质量评价的分类

根据不同的分类标准，课堂教学质量评价可分为不同的类型（表1-8）。

表1-8 课堂教学质量评价分类

分类标准	课堂教学质量评价类型	
评价基准	绝对评价	判断个体或群体是否能达到预期目标，不对个体水平进行评价
	相对评价	判断个体在某一群体中所处的位置（成绩的优劣）
	个体评价	对个体的过去、现在或不同侧面做纵横比较，判断是否有进步
评价内容	过程评价	对达成教学目标的方法和手段进行的评价
	结果评价	对教学活动实施后的效果进行的评价

续表

分类标准		课堂教学质量评价类型
评价方法	定性评价	对评价资料做"质"的分析，做出定性描述
	定量评价	对评价资料做"量"的分析，做出定量结论的评价
评价功能	诊断性评价	在教学活动开展前，对学生的知识、技能、智力、体能和态度等状况进行摸底，判断学生是否具有实现教学目标所需的基本条件
	形成性评价	在教学过程中，为达到更好的效果而不断进行的评价
	总结性评价	在教学活动结束后，为把握教学最终效果而进行的评价
评价目的	选拔性评价	综合性选拔性评价
	甄别性评价	判断个体在群体中的位置和个体所具有的特殊能力水平
	发展性评价	发现评价对象的长处，有针对性，评价语言积极向上，重在鼓励
评价者		教师、学生、校领导、家长等

二、高校课堂教学质量评价标准存在的问题

（一）拿来主义

在我国的高校教学中，有很多教学评价标准缺乏必要的理论研究，也没有经过实践的验证，有些教学评价标准并不适合本校、本学科的教学实际。

在我国许多高校的课堂教学评价标准选用中，很多高校通常借鉴或者照搬国外高校的一些评价标准。即使有的课堂教学评价标准是高校自己制定的，也存在着部分教学管理者"拍脑袋""头脑风暴"产生的教学评价标准，这种教学评价标准的产生缺乏理论研究和实践验证，看似权威，实际上可能存在与本校教学实际不符的情况。

（二）全盘照搬

长期以来，在我国传统高校教学评价中，都存在根据以前的教学理论与经验选用教学评价标准的情况，有一些高校单纯为了创新而创新，很多教学评价标准还停留在理论

研究的阶段，或者刚刚被提出和讨论就直接被应用到教学评价实践中。

此外，我国高校课堂教学评价还存在过度关注学生的理论学习成果的问题，忽视对学生的智力因素、心理因素等进行评价，忽视了教学过程中师生所表现出来的情感、意志、兴趣、个性、态度、求知欲等非智力因素，漠视隐性发展，对师生的非理性发展重视不够。

（三）标准单一

目前，我国高校课堂教学质量评价标准还存在评价标准单一的问题。很多高校的评价标准都采用的是"经验加协商"和不严格的专家咨询方法，教学质量评价标准的选用大都未采用严格的科学程序。很多高校为追求"操作方便、规范一致"，不管是理论课还是实践课、公共课还是选修课、基础课还是专业课，都使用同一套教学评价标准，这显然是不合理的。

（四）忽视以人为本

教学评价是对整个教学过程的评价，包括对教师"教"的评价和对学生"学"的评价，在教学活动中，很多高校往往只看重教学活动开展的结果，而忽视教师与学生在教学活动中的发展与进步。

调查发现，当前我国很多高校在选用课堂教学质量评价标准时，往往将人的因素忽略，仅通过几个可以看得见的数量指标完成教学考评。以教师和学生的互动这一评价标准为例，有的高校评价主体竟然简单地认为教师提问了问题、学生回答了问题就是课堂互动，这无疑曲解了师生互动的内涵，这种以表面取代本质、以浅显取代深刻的课堂教学质量评价标准最终必将导致问题被忽视，不利于课堂教学质量的真正提高。

三、高校课堂教学质量评价方法存在的问题

（一）重量化、轻质化

与国外学校教学评价相比，我国教学评价的理论研究和实践开展得较晚，很多教学评价方法都是从国外引进的。对于国外教学评价方法的研究，以桑代克为代表的学者认

为"测量就是评价"，以泰勒为代表的学者重视对教育目标达成程度的测量，以布卢姆为代表的学者强调以"判断"为评价方法。可见，国外的教学评价方法都强调科学量化。

新时期，随着高校教育教学改革的不断深入，科学的课堂教学质量评价应该是定量评价与定性评价的有机结合。在"育人"的过程中，学生的心理、智力、社会性发展等方面的教学评价很难用量化的手段去评判，这时就需要进行定性评价。在科学的教学评价过程中，评价者应认真分析定性方法和定量方法的优劣，取长补短，提高评价的准确性。

（二）重他评、轻自评

目前，我国高校普遍采用他评与教师自评相结合的方式，但主要还是以他评为主，评价结果不尽如人意。具体表现为：管理者感到评价过程过于复杂，评价结论争议大，费力不讨好；评价结果与教师的各种利益挂钩，容易引起争议；评价难以在真正意义上促进课堂教学的发展。

探索课堂教学评价方法，走出评价困境，教师应充分认识到以下几点：

第一，要把课堂教学评价作为一种学术评价加以重视，不要把教学评价与学术评价人为地分离为两个平行的子系统。

第二，要重视多种评价主体的有机结合，特别要凸显一线教师自评的价值，因为评价最终要落实到一线教师身上。

第三，要淡化课堂教学评价的鉴别与评定功能，淡化奖惩色彩，创设条件，引导一线教师认识教学评价是"自我实现的需要"。

第四，要基于信任一线教师、服务一线教师的评价理念，促进教师主体意识的形成，充分信任教师。

客观来讲，无论是他评还是教师自评，各种评价方式都有其优势和不足，如表1-9所示。要做到科学的教学评价，就必须综合运用多种评价方法，从多个层面、多个主体做出评价，这样的教学评价才能做到最大限度的全面与客观。

表 1-9 不同教学评价的优缺点

评价主体	优点	缺点
学生评价	①学生全程参与课堂教学过程,对教师的教学感受最客观、全面; ②高校学生具有独立的判断能力; ③学生参与评教有助于加强师生之间的互动; ④学生敢于说真话,适合"网评"。	①学生没有参与评价标准的制定,难免认识不足,会出现随意评价的情况; ②教师会因害怕评价不利而纵容学生,或降低对学生的要求; ③学生在评价时缺乏专业评价视角和理性评价思维; ④学生的评价较容易片面、偏激。
教师同行评价	教师同行熟悉教学生态,能够为被评教师的自我发展提供有用的建议。	教师同行的评价易受教师之间的亲属关系、竞争关系等因素的影响,容易导致教师之间发生冲突。
专家、督导评价	专家、督导学识渊博,具有丰富的教学经验和管理经验,评价较客观。	①专家、督导的信息来源相对少,次数有限,势必影响评价结果,使得评价结果不够准确、全面; ②高校学科专业化程度高,专家、督导难以判断教学是否反映了学科的最新发展以及教学形式是否合理等。
领导评价	领导了解授课教师的基本情况,熟悉课堂教学评价标准。	①领导只凭一两次听课就做出评价,评价较为主观; ②领导多从管理角度出发,评价难以公允、客观。
教师自评	①教师对教学的感受最完全、最充分; ②被评教师有真实的发言权; ③是最经济的教学评价方法。	①教师难免会出现"当局者迷"的情况; ②教师的评价易受主观因素的影响。

第二章 标准体系建设

通过对高等教育质量标准体系评价与教育教学质量监控体系的深入分析，本书为高等教育质量标准体系的科学构建与有效实施奠定了坚实的理论基础，同时为该体系的构建、执行和信息反馈等环节提供了创新思路。以高等教育质量标准体系的实施为分界点，可将其质量评估过程划分为实施前的适用性评价和实施后的效果评价两个阶段。

高等教育质量标准体系的适用性评价与效果评价的结果信息，可直接用于指导该体系的科学完善与管理创新。总体而言，关于高等教育质量标准体系及其评价的基本理论与应用模型研究，为新时期构建和完善具有科学适用性与高效性的高等教育质量标准体系提供了管理基础。

第一节 高等教育质量标准体系创新构建的价值

高等教育质量标准体系的创新构建就是指以获得具有较好科学适用性和有效性的高等教育质量标准体系为目的而进行的完善相应标准体系的管理、创新活动。高等教育质量标准体系构建的本质，是高等教育质量标准体系管理主体对相应的高等教育质量标准体系所进行的构建活动。高等教育质量标准和高等教育质量标准体系，分别是高等教育质量标准化初级阶段的产物和中级阶段的表现形式。可以说，高等教育质量标准体系是高等教育质量标准在科学系统化层面的进一步完善与深化，对全面保障高等教育质量目标的实现具有十分重要的科学指导作用。具体来说，创新构建国家层面的高等教育质量标准体系具有三方面的重要价值：全过程科学化管理高等教育质量的有效途径、科学系统化管理高等教育质量标准的重要工具、科学开展和推进高等教育质量标准化工作的中间桥梁。

一、全过程科学化管理高等教育质量的有效途径

创新构建国家层面的高等教育质量标准体系是实现高等教育质量全过程科学化管理的有效途径。伴随着高等教育的不断发展及其大众化水平的不断提高，人们对高等教育质量保障及其管理服务提出了更高的要求。为了实现对高等教育全过程的科学化管理及对高等教育服务全过程的系统化高效管理，必须从国家层面制定一系列在内容上具备适用性且可以相互协调配套的标准，而这些同属于高等教育领域的质量标准，只有通过其内在的关联性与依赖性，并通过科学有机的结合，才能发挥各自最大的效用。

发挥高等教育质量标准之间的协同效应，更有利于达到提高高等教育质量与效率的双重目的，从而使得高等教育质量管理与服务过程中的质量保障工作能够有规可循，进一步全面保障和提升高等教育的质量和水平。而高等教育质量标准体系就是将不同层次的高等教育质量标准通过其相互间的内、外在作用进行关联，从而形成在内容上具备关联性且在形式上具备层次结构的科学体系。因此，将具不同层次的高等教育质量标准进行相互关联，形成高等教育质量标准体系，是进行高等教育质量全过程科学化管理的有效途径。

二、系统化管理高等教育质量标准的重要工具

创新构建国家层面的高等教育质量标准体系是满足高等教育质量标准科学化、系统化管理要求的重要举措。通常情况下，两个相互促进、相互依赖且协调一致的高等教育质量标准共同发挥的系统效力，高于其中任何一方单独实施所产生的效力。因此，要使高等教育质量标准发挥更大的效力，就需要对其进行系统化的科学管理。

高等教育质量标准体系通过将特定领域内的相关质量标准在内容和效应层面进行关联和体系化，从而形成一个具有系统特性的科学有机体。结合对高等教育质量标准体系本质的理解，高等教育质量标准体系的基本构成元素就是高等教育领域的各个质量标准，因此，这一科学有机体的形成与运行过程正好对应着高等教育质量标准体系的构建与实施环节。

可以说，构建具有科学适用性和合理完备性的高等教育质量标准体系能有效地指导高等教育领域相关质量标准的科学制定和修订工作，也就是说，高等教育质量标准体系是对单个高等教育质量标准进行系统化管理的有效工具和表现形式。因此，高等教育质量标准体系在高等教育领域直接充当着组织管理者的角色，同时也是从整体效应层面最大化发挥各个质量标准效力的有力工具。总而言之，创新构建高等教育质量标准体系有效满足了高等教育质量标准系统化管理的相关要求。

三、科学开展和推进高等教育质量标准化工作的中间桥梁

创新构建国家层面的高等教育质量标准体系是科学开展和推进高等教育质量标准化工作的中间桥梁，可大体将高等教育质量标准化的活动过程根据其表现形式分为初级、中级和高级阶段。在高等教育质量标准化进程中，不同形态对应着不同的发展阶段：首先，高等教育质量标准作为单项领域的质量标准制定成果，代表着高等教育质量标准化工作的初级阶段；其次，高等教育质量标准体系作为完成质量标准化基本任务的标志，对应着高等教育质量标准化工作的中级阶段；最后，高等教育质量标准化体系作为实现质量标准化高级目标的标志，标志着高等教育质量标准化工作进入高级阶段。

从高等教育质量标准化三个阶段的关系来看，三者是紧密联系且不可分割的。其中，高等教育质量标准体系在整个高等教育质量标准化的过程中充当着中间桥梁的角色，具有承上启下的作用。通过构建国家层面的高等教育质量标准体系，能发现并修正高等教育质量标准化工作中的不合理之处。此外，通过高等教育质量标准体系的内容与层次划分，还能及时补充高等教育实际工作中所需要的质量标准，并通过不断补充、修正来完善国家层面高等教育质量标准体系的全面构建。可以说，高等教育质量标准体系不仅是进一步完善与深化高等教育质量标准的机制，同时也是高等教育质量标准化体系建设的关键组成部分。在国家层面，科学合理地构建高等教育质量标准体系，能够通过持续提升高等教育质量标准化工作的水平，不断优化高等教育质量标准化工作的协调性，从而在效率和效力两个维度上共同推进高等教育质量标准化工作的有效开展，并为实现高等教育质量标准化体系的建设奠定基础。总之，高等教育质量标准体系构建在推进高等教育质量标准化工作的过程中发挥着不可或缺的桥梁作用。

第二节 高等教育质量标准体系创新构建的
指导思想与基本原则

　　国家层面的高等教育质量标准体系构建作为高等教育质量标准化过程的核心内容之一，是高等教育发展和社会经济发展的客观需要。高等教育质量标准体系的构建过程是指为了获得高等教育质量管理与服务过程中的最优秩序和最佳绩效，在遵循高等教育质量标准体系构建的基本原则和指导思想的基础上，由制定主体将高等教育领域有关质量的各个标准组合成一个科学有机体的过程。因此，在高等教育质量标准体系的构建过程中，需要遵循一些基本原则和指导思想。只有在遵循相应指导思想和基本原则的基础上，才能构建出具有目标实用性、结构合理性、动态更新性和科学高效性的高等教育质量标准体系。

一、高等教育质量标准体系创新构建的指导思想

　　高等教育质量标准体系构建是高等教育质量标准化的基本任务和核心内容，对整个高等教育质量标准化工作的开展具有十分重要的作用。因此，明确高等教育质量标准体系构建的指导思想，是开展高等教育质量标准化工作的重要保障。总的来说，高等教育质量标准体系构建的指导思想就是为了完成高等教育质量标准体系总目标而提出的总体方向。具体来说，国家层面的高等教育质量标准体系创新构建的指导思想主要包括以下四个方面的内容：

（一）以相关法律法规为基石

　　构建高等教育质量标准体系的各个环节和内容时必须遵守法律法规。高等教育质量标准体系构建作为高等教育质量标准化工作的环节之一，必须遵循相关法律法规，主要包括《中华人民共和国标准化法》《中华人民共和国标准化法实施条例》及各类相关的标准化行政规章等。《中华人民共和国标准化法》是我国标准化工作的基本法，也是我

国标准化管理的根本法和最高准则。同时，高等教育质量标准体系又是针对高等教育领域质量管理的研究，因此，高等教育质量标准体系的创新构建必然要遵守高等教育领域的相关法律法规和政策性文件，如《中华人民共和国高等教育法》等。

（二）以标准化基本原理、标准系统管理原理为理论指导

标准化基本原理揭示了标准化工作的方法和规律，高等教育质量标准体系隶属于高等教育质量标准化的工作范畴，因而要保证高等教育质量标准及其体系构建的科学有效性，就必须以标准化基本原理作为科学指导。标准系统和标准体系在本质和内涵上具有一致性，而高等教育质量标准体系属于高等教育领域中与质量相关的标准体系，因此关于标准系统的管理原理如系统效应原理、结构优化原理、有序原理和反馈控制原理，都能用于高等教育质量标准体系的构建与完善。由此可见，标准化基本原理与标准系统管理原理共同构成了确保高等教育质量标准体系具有科学适用性和积极效用的重要理论基础。

（三）充分应用知识管理理论与方法

标准体系是一种管理工具，而标准又是显性化了的知识，因此可将标准体系视为一种知识管理工具。此外，充分利用知识管理的相关理念、技术与方法来对标准体系规划进行创新管理是标准化工作的核心程序之一，如标准体系的管理系统开发等。对于标准体系与知识管理，二者的研究对象所具有的共同之处使二者具有天然的联系。因此，在高等教育质量标准体系构建的全过程中离不开对各种先进的知识管理理论、技术和方法的运用。

（四）贯彻系统控制论、公共政策分析理论和可持续发展的思想理念

国家层面的高等教育质量标准体系是对高等教育领域的质量标准进行系统化的过程，因此高等教育质量标准体系作为一个人为构建的系统，自然要以系统控制科学的基本思想作为其创新构建的指导思想。同时，从高等教育质量标准体系的本质来看，可在一定程度上将高等教育质量标准视为高等教育领域的公共政策，并将高等教育质量标准体系视为高等教育领域的公共政策体系。另外，高等教育质量标准体系的构建属于公共教育领域的质量标准体系构建问题，而公共教育又是公共服务的类型之一，所以可在一定程度上将高等教育质量标准体系视为公共服务标准体系的子系统，因此，公共政策与

公共服务的相关分析理论也能够有效地指导高等教育质量标准体系的构建与完善。高等教育质量标准体系创新构建还应以可持续发展观为指导思想，即通过实现高等教育质量标准体系的相对稳定和动态更新，确保其创新构建工作能够与时俱进。此外，充分利用评价学进行综合评价，是实现高等教育质量标准体系创新构建与管理完善的有效途径之一。通过对高等教育质量标准体系所处的不同阶段进行相应的评价，并将评价结论作为高等教育质量标准体系创新构建与完善管理的决策依据，是贯彻系统控制论、公共政策与服务分析理论和可持续发展观的重要实践。

二、高等教育质量标准体系创新构建的基本原则

要想构建合理适用且科学高效的高等教育质量标准体系，制定主体需在遵循标准化工作基本原理和系统论基本思想的基础上，紧密结合高等教育质量评价体系及其评价结果来开展相应的工作。

具体来说，高等教育质量标准体系创新构建的基本原则主要包括以下四个方面：

（一）总目标及其分解原则

高等教育质量标准体系构建的总体目标是通过构建具有合理适用性和动态高效性的科学有机体——国家层面的高等教育质量标准体系，在高等教育质量管理与服务过程中，有效控制影响高等教育质量水平的各类因素，进而实现全面保障与提升高等教育质量的目标。在确定总目标之后，还需要按一定的内容逻辑与结构分解总目标，即将总目标分解成各个分目标，用于指导各个层次和维度的高等教育质量标准的制定，从而逐层明确高等教育质量标准体系各个组成要素的功能和目标。总之，总目标的分解有利于各个分目标的实现，并避免了高等教育质量标准的随意修订和无序叠加，进而使得所有高等教育领域中的质量标准都能共同服务于高等教育质量标准体系的总目标，促进总目标的实现。

（二）整体配套与结构协调原则

整体配套与结构协调原则是指构建的高等教育质量标准体系要满足整体配套性和结构协调性两方面的要求。一方面，高等教育质量标准体系作为一个科学有机体，由各

级标准按逻辑关联组成，它们相互依存、互为补充，因而只有在整体上进行系统优化，并通过内容和结构层面的关联配套，才能将高等教育质量标准体系中各组成要素的功效有效地融合起来，进而增强系统效应。整体配套特性的缺失将不利于高等教育质量标准体系功效的发挥，甚至有可能出现无功用或负功用现象。另一方面，在高等教育质量标准体系中，不同子体系的内部标准之间存在一致性。由于高等教育质量标准体系是由特定结构形式组合而成的有机整体，因此在构建过程中，必须保证高等教育质量标准体系围绕总目标和各个分目标的要求，形成具有特定依存与制衡关系的协调结构，尽量避免出现不同层次结构之间相互矛盾和冲突的情况。这些特定关系包括同级并列协调关系、同级并列制约关系、同级主从配套关系、分级集成与扩展关系、分级因果关系等。

需要说明的是，在高等教育质量标准体系的构建过程中，建立高等教育质量标准体系表是落实整体配套与结构协调原则的有效方式。总之，在构建高等教育质量标准体系的过程中，要注重遵循整体配套与结构协调原则，确保整个体系具有整体配套、协调有序、关系划分明确和高效运行的特征，从而实现最佳的综合效益。

（三）相对稳定与动态发展原则

相对稳定与动态发展原则强调高等教育质量标准体系既要保持相对稳定性，又应具备吐故纳新的动态发展功能。这里的相对稳定性是指标准体系的相对稳定，发展是指标准体系的动态更新，两者协调一致，共同保障高等教育质量标准体系的适用性和高效性。

就稳定性而言，高等教育质量标准体系在实施之后，应保持其在有效使用期内的相对稳定状态，即在高等教育质量标准体系的使用期内，原则上不进行内容和结构层次方面的大调整。为了保持其相对稳定性，就需要让构建出的高等教育质量标准体系具有一定的前瞻处理功能，这就要求在构建高等教育质量标准体系的过程中，要立足现实国情，着眼长远发展，并体现一定的问题解决前瞻性。

就发展性而言，高等教育质量标准体系应被视为一个动态更新的信息系统，其构建和完善过程类似于信息交换的过程。作为一个开放的系统，高等教育质量标准体系总是不断地进行着内外部信息的传递、交流和利用，这也是高等教育质量标准体系进行开放性建设的体现。

通常情况下，标准体系的开放性构建包括两个层面：一方面，要积极采用最新研究成果，提升标准的前瞻性和技术含量；另一方面，要密切跟踪国内外相关领域的标准规范发展，确保标准及其体系建设的国际性。高等教育质量标准体系作为人造系统，同样避免不了与外界的各种信息交流，作为一个具有稳定性和动态性的信息系统，高等教育质量标准体系需要不断进行内外部信息的传递、转换、重组等过程。

（四）评价及其决策指导原则

该原则是指在创新构建和完善高等教育质量标准体系过程中，需要根据高等教育质量标准体系、评价指标体系及其综合评价结果作为相应的决策依据。可以说，没有科学的高等教育质量标准体系评价，就无法进行科学合理的高等教育质量标准体系构建与完善工作。因此，在高等教育质量标准体系构建与完善的过程中，必须遵循评价指导的基本原则。一方面，根据高等教育质量标准体系评价的相关理论与方法，在高等教育质量标准体系构建过程中重点考虑高等教育质量标准体系的适用性问题，构建的高等教育质量标准体系一定要经过相应的适用性评价才能考虑让其进入正式实施阶段。另一方面，根据高等教育质量标准体系评价的相关理论与方法，应对高等教育质量标准体系进行修正和完善，即根据新时期下环境、形势等方面的变化，及时对高等教育质量标准体系进行动态的调整、更新和进一步完善。在对实施之后的高等教育质量标准体系进行修正和完善时，必须以高等教育质量标准体系实施的综合评价结果作为该体系进一步完善和调整的决策依据，如对高等教育质量标准体系表现优良的方面进行继承性创新，保持其优势特色；对表现欠佳的方面进行系统性修正和完善。只有这样才能保证高等教育质量标准体系修正完善工作的科学性和针对性。

第三节 高等教育质量标准体系创新构建的工具与模型

一、高等教育质量标准体系表

以图表的形式将标准体系内的标准按其内在联系进行排列的模型称为标准体系表。标准体系表是制定、修订标准体系中相关标准的指导性文件，对于高等教育质量标准体系的标准化工作有着重要的意义和作用。

为获得内容全面的标准体系表，需要综合使用分类法、层次法、系统法和过程法等多种标准体系研究方法，以避免使用单一方法所导致的缺陷和不足。基于高等教育质量标准及其体系的内涵和特征，本书通过综合使用分类法、层次法、系统法、过程法等方法，初步探讨了国家层面的高等教育质量标准体系表的内容框架。

标准体系表以图表的形式展示相应领域标准体系的整体构成及其内部构成元素相互间的关联，其主要内容包括标准体系结构图和标准明细表，此外其还包含相应的编制文字说明和标准统计汇总表两部分内容。为了更好地发挥标准体系表的功能，还可制作相应的标准制定阶段表来反映相关标准的制定进度。因此，可将高等教育质量标准体系表的主要内容分为高等教育质量标准体系结构图、高等教育质量标准统计表、高等教育质量标准明细表、高等教育质量标准制定阶段表和高等教育质量标准体系编制报告。

（一）高等教育质量标准体系结构图

高等教育质量标准体系结构图是以图形化模型来呈现高等教育质量标准体系的内在结构关联。标准体系表具有纵向的层次关系、横向的门类关系和时间上的序列关系。因此，相应的高等教育质量标准体系结构图也可根据相应的层次关系、门类关系和序列关系来绘制。实质上，根据这三种关系来绘制高等教育质量标准体系结构图是对分类法、层次法和过程法等标准体系表框架分析方法综合应用的体现。首先来分析如何运用层次关系和门类关系来绘制高等教育质量标准体系结构图。需要说明的是，标准体系可看作标准的树状层次结构分类体系，而标准的分类可基于不同的角度进行划分。

根据不同的层次分类标准可得到不同的标准体系层次和门类结构。因此，根据不同的分类标准，可得到不同的高等教育质量标准体系框架结构。综上所述，从标准体系的多维度、多层次划分来看，高等教育质量标准体系的结构框架是不具有绝对唯一性的。例如，在《中华人民共和国高等教育法》中对我国高等教育的分类情况进行了相应说明，根据《中华人民共和国高等教育法》对我国高等教育类型的相关分类规定，可初步绘制我国高等教育质量标准体系结构图的简略框架（图 2-1）。

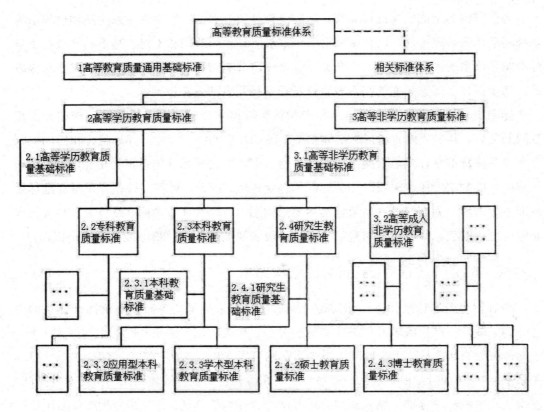

图 2-1 我国高等教育质量标准体系结构图的简略框架

　　图 2-1 中的实线代表所连接的内容之间的层次关系，虚线表示与其他相关标准体系的协调配套与关联关系。结合分类法和过程法等方法对高等教育质量标准体系的结构进行划分，高等教育质量标准主要可以分为高等教育质量标准通用准则（指南）、高等教育质量术语与缩略语标准、高等教育质量信息数据代码与符号标准、高等教育质量标准体系的文件编写与管理标准、高等教育质量标准实施与监督检查基础标准、高等教育质量控制标准、高等教育质量分类与分级基础标准等。还可将高等学历教育质量基础标准视为一种标准体系，并对其进行进一步划分。

　　基于层次关系和门类关系绘制的结构图适用于高等教育质量标准体系的全局性构建与管理。然而，对于具体的质量标准涉及的局部管理和服务或对高等教育过程的构建和管理，则需要依据序列关系来绘制相应的标准体系结构图。某项服务过程的不同环节的序列结构也可对应不同的标准体系序列结构。例如，根据《高等学校信息公开办法》

中对高等学校开展信息公开工作的规定可知，开展高等学校信息公开工作属于高等学校管理和服务的范畴，其服务质量是高等学校管理和服务质量的重要组成部分。

高等学校开展信息公开服务工作的主要环节依次包括：编制信息公开指南、制定信息公开目录、制定信息公开内容审查办法、制定信息公开内容保密办法、开通高等教育信息公开平台、开展主动信息内容公开、受理依申请信息公开、发布信息公开年度报告标准。按照标准体系的序列结构关系，围绕上述工作环节，可初步编制高等教育机构信息公开服务标准体系序列结构图，如图 2-2 所示。此外，该方法也适用于高等教育机构的其他信息公开工作，如财务信息公开。通过分析财务信息公开服务的工作环节，即可绘制相应的高等教育机构财务信息公开服务标准体系序列结构图。

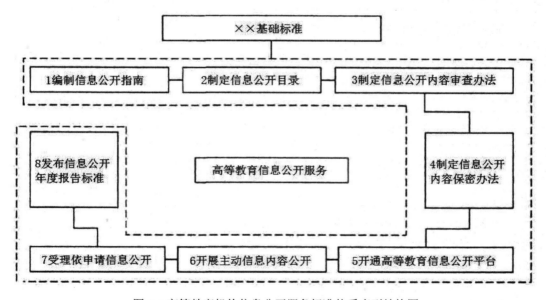

图 2-2 高等教育机构信息公开服务标准体系序列结构图

（二）高等教育质量标准统计表

高等教育质量标准统计表主要用于宏观把握标准体系的构建现状与未来规划，并结合体系适用性评价或实施效果评价的综合评价结果，进一步指导高等教育质量标准体系及其子体系的制定与调整工作，从而为高等教育质量标准体系的构建与完善提供依据。标准统计表可根据统计的要求和目的来设置不同的统计项。如果要掌握高等教育质量标准体系中已有的标准数量现状、未来规划的预计情况及目前哪些子体系建设较为薄弱，可设计如表 2-1 所示的高等教育质量标准统计表。通过表 2-1 中的 N 数值、F 数值及 N/F 的比例，就可以大体掌握当前高等教育质量标准体系构建中的薄弱环节和下一步标准化工作的重心。要想同时掌握现有标准的数量及其相应级别的分布（如国家标准、教育行业标准等），只需要在表 2-1 的基础上，根据需求对统计项目进行相应修改。

表 2-1 高等教育质量标准统计表

统计项目	已有数 N/个	应有数 F/个	N/F 比例（%）
1 高等教育质量通用基础标准体系	XXX	XXX	XXX
2 高等学历教育质量标准子体系	XXX	XXX	XXX
2.1 高等学历教育质量基础标准	XXX	XXX	XXX
2.2 专科教育质量标准	XXX	XXX	XXX
2.3 本科教育质量标准	XXX	XXX	XXX
2.4 研究生教育质量标准	XXX	XXX	XXX
……	……	……	……
3 高等非学历教育质量标准子体系	XXX	XXX	XXX
……	……	……	……

二、高等教育质量标准体系综合评价

高等教育质量标准体系是由不同的高等教育质量标准子体系所构成的，为了保障高等教育质量标准体系及其子体系的质量水平和效用，需要对其进行相应的评价。高等教育质量标准体系综合评价是高等教育质量标准体系构建过程中不可或缺的组成部分。以高等教育质量标准体系实施为分类标准，可将高等教育质量标准体系综合评价划分为实施前的适用性评价和实施后的效果评价。适用性评价主要在高等教育质量标准体系的构建过程中进行，其评价结果信息将反馈至构建过程中。此外，在高等教育质量标准体系的构建过程中，还可以根据适用性评价指标来指导其构建过程。效果评价主要针对体系实施后的效果，为体系的修正和完善提供依据。无论在高等教育质量标准体系的构建阶段还是完善阶段，综合评价都发挥着标准体系表所不具备的独特工具作用和创新功能，是高等教育质量标准体系创新构建的有效工具。

从高等教育质量标准体系适用性评价作为构建工具的角度来看，其作用主要体现在评价指标体系内容和评价结果反馈两方面。研究表明，高等教育质量标准体系适用性的影响因素主要包括程序过程设置、内容结构编排、预期目标制定和可行预测调控四个层面。其中，程序过程设置层面侧重于其合理性、合法性、正义性、科学性和权威性；内容结构编排层面侧重于其全面性、适宜性、关联性、扩展性、规范性、认知性和创新性；预期目标制定层面侧重于其针对性、一致性、恰当性和度量性；可行预测调控层面则主要侧重于其预测性和可行性。这些反映高等教育质量标准体系适用性水平的指标是高等教育质量标准体系创新构建过程中需要注意的重要事项，它们可以直接指导高等教育质量标准体系及其各个子标准体系的设计、规划和构建过程。此外，还可以根据适用性评价的评价结果来掌握高等教育质量标准体系的整体情况，以便科学指导高等教育质量标准体系的构建与完善工作。

具体来说，适用性评价可从两个层面发挥作用：一方面，可通过整体适用性评价辅助决策，如判断高等教育质量标准体系是否可以进入实施阶段、如何从多个高等教育质量标准中择优选择等，以便更好地完成高等教育质量标准体系的创新构建。另一方面，可通过单项适用性指标评价，获得相应的单项评价信息，用以掌握其在程序过程设置、内容结构编排、预期目标制定和可行预测调控四个准则层面的适用性表现，以及在各二级评价指标层面的具体表现。

从高等教育质量标准体系效果评价作为修正完善工具的角度来看，其作用主要体现在评价结果的信息反馈。效果评价可从两个维度进行：一是通过整体绩效评价，掌握体系实施的整体效果和绩效等级，为宏观管理和决策提供依据；二是通过单项指标评价，了解体系在实施效力程度、事实性绩效、价值性判断、感知回应程度四个准则层面，以及在效度、力度、准确度、机制健全度、目标达成度、教学质量、认证通过率、管理效率、就业质量、教师水平、科研成果、事业提升、公平程度、社会发展核心竞争力、参与回应度、满意度、引用率和社会认知度等二级指标层面的具体表现。基于高等教育质量标准体系效果评价的单项指标评价，可对体系中的相关子标准进行调整和完善。例如，通过对高等教育质量标准体系实施效果进行评价，得到了相应的单指标评价结果，若显示高等教育质量标准体系实施后在"教学质量"这项二级指标方面的得分或等级不好，那么就要进一步组织有关专家结合高等教育质量标准体系表的有关内容来综合分析导致此结果的原因，判断是否因相关标准在数量或质量上存在问题所致，并及时加强对高等教育质量标准体系中相关标准的修正、完善工作。

三、高等教育质量标准体系构建的创新工具

高等教育质量标准体系构建主要包括两个内容：一是进行高等教育质量标准体系的创制和构建；二是对实施后的高等教育质量标准体系进行修正和完善。

目前主要采用高等教育质量标准体系表来实现对高等教育质量标准体系的全面规划与构建。高等教育质量标准体系作为标准体系的组成部分，其构建同样需要标准体系理论与方法的指导。需要说明的是，高等教育质量标准体系表是进行高等教育质量标准体系构建的有效工具之一，但是若要在最大程度上保障高等教育质量标准体系的科学适用性，还须对其进行相应的适用性评价，也就是说，在高等教育质量标准体系的构建过程中，除了编制相应的标准体系表，还需结合高等教育质量标准体系适用性评价的评价结果。而对于高等教育质量标准体系的修正和完善，仅仅通过编制高等教育质量标准体系表已不能很好地进行修正和完善活动，而需要通过高等教育质量标准体系实施效果的评价指标及其综合评价结果，在高等教育质量标准体系表的基础上进行科学有效的修正和完善。

综上所述，编制高等教育质量标准体系表与开展相应的体系评价以获取综合评价结果信息，都是高等教育质量标准体系构建过程中较为有效的途径和工具。然而，要想在最大程度上确保高等教育质量标准体系的科学适用性和合理有效性，就必须在这一复杂而系统的工程中，综合运用各种工具，进行高等教育质量标准体系的创制、修正和完善工作。构建高等教育质量标准体系的新工具如图 2-3 所示。

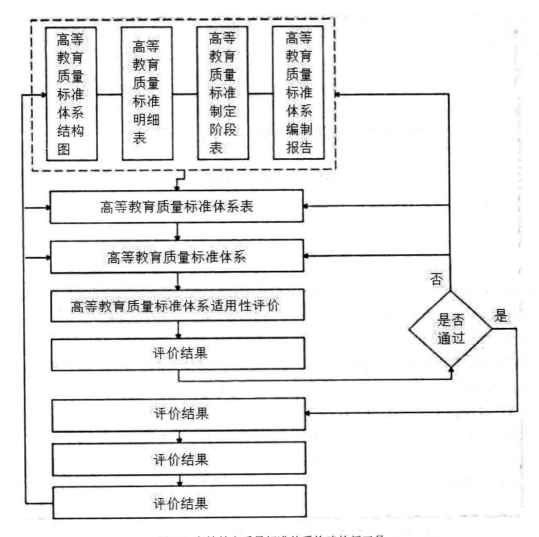

图 2-3 高等教育质量标准体系构建的新工具

从图中可以看出，高等教育质量标准体系表包括高等教育质量标准体系结构图及其编制报告，以及高等教育质量标准的明细表和制定阶段表。为方便描述，可以将高等教育质量标准体系构建新工具简称为"T+E"工具，该工具是一个用于高等教育质量标准体系构建的综合集成工具，其中的"T"指高等教育质量标准体系表，"E"指高等教育质量标准体系评价信息。高等教育质量标准体系构建新工具的内涵就是：要想科学地实现高等教育质量标准体系的创制、修正和完善工作，在最大程度上保证其科学适用性和合理有效性，就必须将高等教育质量标准体系表和高等教育质量标准体系评价信息相结合。

第四节 高等教育质量标准体系实施
与信息反馈机制

通过高等教育质量标准体系适用性评价择优选出的高等教育质量标准体系在一定程度上具有较好的科学适用性，但要想确保高等教育质量标准体系能产生较好的积极效用并实现可持续发展，就不能仅关注其适用性。高等教育质量标准体系的综合绩效还受到其实施与监督管理等方面的影响。在确保了高等教育质量标准体系的适用性之后，还应确保高等教育质量标准体系在实施等环节的有效开展与监督管理。否则，即使适用性水平再高的标准体系，若得不到有效实施，也难以发挥其应有的综合效用。此外，只有加强针对高等教育质量标准体系全过程的信息反馈，才能有效实现高等教育质量标准体系的可持续发展，从而形成科学高效的高等教育质量标准体系管理机制。因此，有必要建立相应的实施与信息反馈机制，全面保障和提升高等教育质量标准体系的总体效用，实现可持续发展。

一、高等教育质量标准体系实施机制

高等教育质量标准体系实施机制是指对此过程中涉及的各个内容环节、功能及其相互关系进行科学合理管理与调控的制度和方法。高等教育质量标准体系实施机制是一个复杂的制度。从高等教育质量标准体系实施过程中"信息流"的传输环节来看，高等教育质量标准体系实施机制的框架主要涉及高等教育质量标准体系的实施主体、客体、渠道、基础支撑和动力制度五个方面。高等教育质量标准体系实施机制的"信息流"传输过程如下：

首先，要实现高等教育质量标准体系实施机制"信息流"的传输，必须构建基础支撑体系，基础支撑体系主要包括相关法律法规与制度体系，多重监管与监督机制，全过程创新管理与信息反馈机制，宣传、培训、激励机制，以及人才、资金、信息机制。这些基础支撑内容有助于高等教育质量标准体系总目标和功能的实现。具体来说，相关法律法规与制度体系能有效地触发对相关标准及其体系的需求，从而有力促进高等教育质量标准体系的构建和实施。多重监管与监督机制是指高等教育质量标准体系实施的全过程在教育部和社会媒体等多方的监督下进行。

全过程创新管理与信息反馈机制是指高等教育质量标准体系实施过程中的创新管理机制，可通过建立专门的高等教育质量标准体系管理与协调委员会来进行相关工作，并通过信息反馈来进行高等教育质量标准体系的纠偏工作，从而更有效地保障其实施效果和最终目标的实现。

人才、资金、信息机制是确保高等教育质量标准体系实施有效性的重要手段，而宣传、培训、激励机制是提高高等教育质量标准体系实施效率的重要手段。可以说，高等教育质量标准体系实施机制必须以这些基础支撑内容为基石，才能有效保障体系目标的实现。

其次，在基础支撑体系的支撑下，由教育部、协会联盟、高等教育机构三个层面共同构成高等教育质量标准体系的实施主体，保障整个"信息流"的顺畅运行。但要提高高等教育质量标准体系实施的效力，还需要充分发挥和利用高等教育质量标准体系的积极效用，从而保障整个"信息流"的高效运转。高等教育质量标准体系实施的相关动力制度主要包括：质量认证认可制度、实施监督反馈制度、各级信息公开披露制度、教育质量评估报告制度和高等教育质量标准体系综合评价制度，这些相关制度是高等教育质量标准体系实施的动力因素，能从多个方面提高高等教育质量标准体系的实施效率。具体来说，质量认证认可制度和教育质量评估报告制度能够使高等教育机构和相关行业协会对相应标准和需求做出响应，并促进其标准化行为。通过实施监督反馈制度和各级信息公开披露制度，可以确保高等教育质量标准体系的实施在效度、力度、准确度、机制完善度以及目标达成度方面得到有效保障。

各级信息公开披露制度在高校信息公开制度体系框架基础上，通过多级质量信息公开，减少信息不对称问题，并与质量认证认可制度、教育质量评估报告制度协同发挥动力效应。此外，质量认证认可制度还有利于确保各级高等教育质量信息公开的真实性和准确性，从而强化各级高等教育管理机构的自律性和能动性。高等教育质量标准体系综合评价制度是涉及高等教育质量标准体系实施全过程的综合评价制度，通过"制定→适用性评价→根据评价结果信息进一步完善相应标准体系→通过适用性评价的相应标准进入实施阶段→实施效果评价并根据评价结果进一步调整与完善相应标准"全过程的综合评价信息反馈来不断调整和完善高等教育质量标准体系，从而更有利于高等教育质量标准体系综合评价制度的实施和综合效应的发挥。总之，这五个动力制度的结合是有利于高等教育质量标准体系高效实施的重要途径。

最后，在具备基础支撑和动力制度的条件下，"信息流"需要通过适当的实施渠道作用于实施客体。实施渠道即实施路径和实施方法，需要根据高等教育质量标准的内涵和高等教育的特征进行选择。鉴于高等教育属于公共教育领域的非基本公共服务，其质量标准体系中的标准不必全部采取强制性认证。基于广义的高等教育质量标准内涵，体系包含正式标准和非正式标准，因此建议采取差异化实施策略：对大部分质量标准采用自愿认证的推荐性标准模式，仅对通用基础性质量标准采用强制认证的强制性标准模式。实施客体是由高等教育领域所有质量标准相互关联形成的科学有机体——高等教育质量标准体系，对其实施科学高效的创新管理是"信息流"传递的最终目的。

二、高等教育质量标准体系信息反馈机制

从高等教育质量标准体系的构建到实施是个复杂的过程，为保证整个过程的有效性和高效性，需建立针对其全过程各个环节的信息反馈机制。高等教育质量标准体系的信息反馈机制是指针对高等教育质量标准体系管理的各个环节进行相应的综合评价，并基于相关评价结果进行反馈的制度和方法。高等教育质量标准体系信息反馈机制的目的是更好地实现高等教育质量标准体系的科学循环管理和可持续发展。

高等教育质量标准体系信息反馈机制主要是为高等教育质量标准体系的科学管理和服务而设计的流程方法，其框架主要涉及管理主体、制定主体、评价主体、实施主体。其中，管理主体是指对高等教育质量标准体系进行全面管理的部门。制定主体是指负责高等教育质量标准体系设计和构建的部门。评价主体是指由直接或间接参与高等教育质量标准体系评价活动的利益方组成的组织机构，该组织机构的中心通常是以科研立项的形式授权，且由多方利益主体共同参与的第三方独立评价机构。需要说明的是，这里的评价主体包括针对高等教育质量标准体系适用性评价的评价主体——"前客体"评价主体和针对其效果评价的评价主体——"后客体"评价主体。为保持评价的连贯性和有效

性，通常针对"前客体"和"后客体"两者设置相同的评价主体。实施主体是指全面负责整个高等教育质量标准体系实施的部门，主要负责高等教育质量标准体系实施机制的有效运转。此外，高等教育质量标准体系信息反馈机制涉及的管理主体、制定主体、评价主体和实施主体四者具有紧密关联性，在实际的高等教育质量标准体系信息反馈过程中，要使得四者实现协同运转，并共同服务于整个高等教育质量标准体系的科学管理和服务工作。

基于对高等教育质量标准体系信息反馈机制框架的进一步分析，可总结出高等教育质量标准体系信息反馈机制的路径，主要有以下三条：

第一，"前客体"评价主体通过高等教育质量标准体系综合评价，将适用性评价结果反馈给管理主体和制定主体，并为管理主体和制定主体的择优、设计、规划和构建工作提供相应的情报支持。这里的综合评价结果既包括高等教育质量标准体系适用性水平的整体评价结果，又包括高等教育质量标准体系适用性评价指标体系中各个准则层和指标层各自的评价结果。

第二，"后客体"评价主体将相应的单项评价结果信息反馈给高等教育质量标准体系的实施主体，并为实施主体的监督机制服务，可以提高高等教育质量标准体系的实施效力。这里的单项评价结果信息主要是指高等教育质量标准体系实施效果评价指标体系中各个准则层和指标层各自对应的单项评价指标的评价结果。

第三，"后客体"评价主体将高等教育质量标准体系实施之后的结果反馈给高等教育质量标准体系的管理主体，并为高等教育质量标准体系的更新、调整与完善提供相应的决策支持和服务。

第三章 质量决策实施系统建设

第一节 教学质量保障体系

在高校教育中，为保证教学质量，构建一个教学质量保障体系是尤为必要的，这一体系涉及的部门非常多，如教学指导委员会、教务处、教学系、相关职能部门等。每一个部门都非常重要，在构建这一体系时都要充分考虑到。

一、高校教学质量保障体系的结构

在构建高校教学质量保障体系时，首先要明确质量保障体系的基本内容和结构。其内容主要包括输入质量保障、过程质量保障、输出质量保障、系统效率保障。输入质量主要包括教育目的、文化背景、生源、师资等方面。过程质量包括课程建设、教学方法、师生关系等方面。输出质量包括社会输出质量（如学生毕业率、就业率等）、学生学习质量两个方面。系统效率主要包括师生比、生均培养费用、时间效率、综合效率等方面。各高校必须根据社会需求、自身定位和教育本身的发展规律，采取有效措施，并根据本校的具体实际构建一个适合自身的教学质量保障机制，在这一机制的保障下，高校教学活动才能顺利进行，从而取得理想的教学成果。

高校内部的质量保障体系结构如图3-1所示。

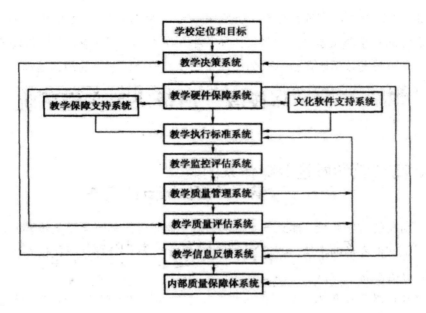

图 3-1 高校内部质量保障体系结构

高校应根据质量保障体系的特点，对质量保障体系的基本模型做出一个简单的设计，并对其各个系统进行简要的分析。

依据高校教学质量保障体系的功能及各构成要素，可以确定质量保障体系的结构框架，这一框架如图 3-2 所示。

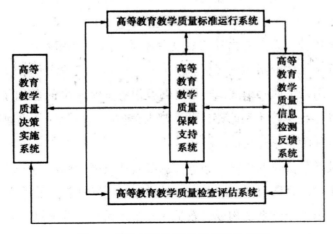

图 3-2 高校质量保障体系的结构框架

由图 3-2 可以看出，高等教育教学质量保障支持系统是整个体系的中心环节，它与其他环节之间的联系非常紧密，并与其他环节相互作用、共同影响，共同推动着教学质量的提升。高等教育教学质量信息检测反馈系统作为整个体系中的最终处理环节，不仅可以对整个教育质量保障系统进行反馈，还对教学质量的决策实施系统具有重要的作用。

二、高校教学质量保障体系的建立

要保证高校的教学质量，建立一个可靠的教学质量保障体系是至关重要的，这一体系的建立不是一件容易的事情，要涉及多方面的因素，教学管理者要认识到这一点，并事先做好充分的准备。

在建立高校教学质量保障体系的过程中，首先要协调教学质量保障主体之间的关系，建立分工协作的教学质量保障主体。高校教学质量的内部保障需要高校内部全员参与、全过程参与，并建立多个机构和组织，共同完成质量目标。在人员的参与上，应以专门的教学管理人员、教学督导员、教学信息员等为主。在机构的组建上，应以教务处为中枢，协调好教务处、院系和教研室等机构之间的关系。所有的质量保障主体既分工又合作，使质量保障工作有章可循、有条不紊。因此，必须通过建立相关教学制度，明确各个教学质量保障主体的职责。通过高校多个质量保障主体的相互协作，调动全体教职工的积极性，同时要激发学生的能动性，实现师生合作、全校合作，共同提高高校教育质量。

高校教学质量保障体系主要由外部质量保障与内部质量保障两个部分构成，其中，外部质量保障重视基于中介组织的评价，内部质量保障更多关注质量的审核与改进。通常情况下，可以采用以下四种模式：一是内部教学质量保障体系建设的系统构成，二是内部教学质量保障体系建设的理论设计，三是内部教学质量保障体系建设的系统目标，四是内部教学质量保障体系建设的运行模式。

要想促进高校教育质量的提高，必须要顺应时代发展的潮流，加强课程改革，不断培养和提高大学生的综合素质，同时要加强教学评估，发挥教师的重要作用。高校内部教学质量保障体系由五个子系统构成：教学决策指挥系统、教学保障支持系统、教学执行标准系统、教学监控评估系统和教学信息反馈系统，这五大子系统全面体现了高校教学质量保障体系的结构、内涵、任务和功能，共同构成了相对完整的质量保障体系。高校内部教学质量保障体系的系统构成如图 3-3 所示。

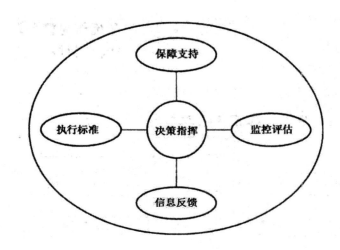

图 3-3 高校内部教学质量保障体系的系统构成

以整个教学过程为例，可以将教学保障支持系统分为以下几个部分：

（1）环境，包括课堂、教室以及学校。

（2）运行，运行过程中所监测的内容大致包括教学态度、教学内容、教学方法、教学效果。

（3）结果，对教学过程进行监测，所得到的可以分为优、良、及格、不及格。

（4）反馈，通过教学质量保障体系，将所得出的教学评估结果反馈到保障系统。

高校教学质量保障体系的建立对于高校的发展具有重要的意义，这一保障体系充分吸收和借鉴了高等教育质量管理的经验，将高等教育质量保障的研究成果系统地运用于教学管理中。高校在具体建设中应当在总结已有教学经验的基础上，全面完善教学评价体系，并以此为基础建立全面的教学质量保障体系，这样才能促进教学质量的提高。

在建设高校教学质量保障体系的过程中，可以设计以下工作路线：

第一，系统梳理和筛选教学评价的各种方法，尤其是高校教学质量保障体系建设的理论与方法。

第二，分析高校内部教学质量保障体系的教学质量生成过程和关键质量控制点。

第三，通过技术组合形成教学评价的方法体系。

第四，在评价基础上构建高校教学质量保障的体系框架，并形成完善的质量保障与监控体系。

第五，推动教学质量管理体系的完善。

第六，调查分析教学现状，然后从制度、程序、规范、文化等方面查找各质量控制点的管理漏洞。

第七，将这样的体系运用于教学管理，并对其不断完善。

高校教学质量保障体系的建设技术路线如图 3-4 所示。

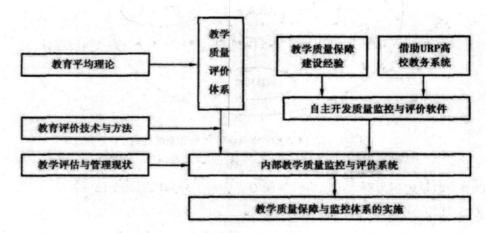

图 3-4 高校教学质量保障体系建设技术路线

为了建设一个科学、有效的教学质量体系，可以结合高校的具体教学实际设计一个质量保障监控与评估系统，如教师的评教系统和学生的学业预警系统，并与兄弟院校开展交流，为教学改革提供客观数据，提高教学效果，推进教育教学改革的深入发展，提高教师的教学水平和学生学习的积极性。另外，高校教学质量保障体系的建设并不是一朝一夕的事情，而是一个长期的、不断完善的过程，需要高校全员参与、全过程管理和监控，共同推进教学质量的提高。

综上所述，建立一个高校教学质量保障体系需要从以下几个方面进行：

（一）党委、校行政部门

在高校教学质量保障体系的建设中，高校党委、校行政部门要明确学校的定位及办学思路，牢固教学的中心地位，保证相应的"人、财、物"的投入，制定教学质量保障的政策和制度，建立教学质量管理和监控的组织机构，对影响教学的重大问题进行合理的调控，以保证教学活动的顺利进行。

（二）教学指导委员会

教学指导委员会要从宏观上把握全校教学质量保障工作的方针、政策，对提高高校教学质量提出指导性意见和建议，审定教学质量管理的各种标准和办法，接受教学质量信息反馈，调控影响教学质量的因素，从总体上保障教学质量管理工作的顺利进行。

（三）教务处

教务处的主要职责是保证高校教学质量管理工作的正常运转。教务处负责制定或修订教学管理的相关规定、人才培养方案和教学计划等政策性指导文件，制定或修订教学质量管理的相关文件，组织安排教学过程中的质量调控，开展经常性的教学质量调查研究与检查，组织开展教学工作交流等。

教务处的具体职责主要有以下几个方面：

第一，负责制定质量管理方面的各种规范性制度、各环节的质量标准和工作计划。

第二，组织全校性的教学检查和专项评估工作。

第三，组织实施和落实各级领导的听课制度。

第四，做好教学信息的整理、统计、分析和反馈工作。

第五，建立和完善教学质量监控与评价体系的档案管理工作。

第七，组织质量监控工作会议、座谈会、问卷调查等。

第八，做好教学质量管理备案和总结等工作。

（四）各相关职能部门

高校教学质量管理的相关职能部门应认真履行本部门的工作职责，做好教学质量保障工作。校实验中心负责对全校实验室进行监控和评价。人事处负责对全校教师进行监控与评价。学生工作处（部）、院团委负责对全校学生进行监控与评价。各相关职能部门对分管的教学质量管理工作开展调研，并反馈信息。

（五）教育教学督导委员会

教育教学督导委员会在分管校长的领导下，对全校的教学秩序、教学质量及教学工作状态进行监督、检查、评估和指导，依法开展"督教、督学、督管"活动。教育教学督导委员会的具体职责包括以下几个方面：

第一，监督学校的日常教学管理工作。

第二，加强与青年教师的联系，帮助青年教师提高授课质量。

第三，对各院（系）教师进行教学质量评价。

第四，交流、研讨高校教学工作状况，并提出意见和建议。

第五，通过对教学管理的检查，促进教学管理的规范化建设。

（六）学生信息员队伍

为了保证高校教学目标的实现，促进校风、学风建设，可以在学生中聘任学习态度端正、成绩优秀、诚实公正的学生担任信息员，这也是高校教学质量保障体系中重要的一环。一般情况下，学生信息员的主要职责有以下内容：

第一，负责教学过程中的信息收集工作，定期填写教学信息反馈表。

第二，统计教师的教学情况、学生的学习情况。

第三，定期或不定期地向教务处反馈教学情况，并提出意见和建议。

第二节 教学质量标准运行系统

对于高校而言，在建立教学质量保障体系的过程中，应通过不断完善学生教学信息员制度、教学督导制度、教学考评制度等，使学校和广大教师及时发现教育教学实践工作中存在的问题，不断改进教育方式，提高教育质量。

建立一个合理有效的教学质量保障体系能使教学管理透明化，把"课堂教学听查课""期中教学检查""最满意教师评比""青年教师导师培养""教学观摩与交流""考风考纪检查""学籍管理"等情况及时在校园网上公布，可以达到教学监控的目的。

建立一个合理有效的教学质量保障体系能使教学过程流程化、标准化。在内部教学质量保障体系中，把"课堂教学设计""备课""教学互动""考试""实验教学""观摩教学""讲课比赛"等教学环节以标准流程的形式在校园网上共享,可以实现促进教学质量提高的目的。

在构建教学质量保障体系的过程中,计算机的运用越来越广泛。云计算是一种通过网络提供便捷访问的计算资源共享服务模式。这些资源具有快速部署的特点,且仅需较少的管理工作或与服务供应商进行最低限度的交互。高校内部教学质量保障体系就在这样的背景下产生了,如图 3-5 所示。

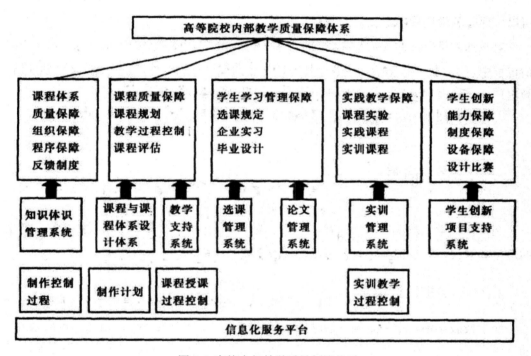

图 3-5 高校内部教学质量保障体系

一般来说,对高校教学质量的评估主要是评价高校的办学思路和办学传统与特色,评价高校人力、物力、财力的投入及效果,评价高校的专业建设、教学改革及效果。总体而言,高校教学质量评估主要包括教学过程评估和教学效果评估两个方面。

要建立一个科学完善的教学质量保障体系,还需要建立一个完善的自评机制。首先,建立一个教学质量评估队伍,确保高校教学质量建设在国家统一要求的前提下,实现教学质量的特色化。高校教学质量评估队伍应由学术造诣高、立足教学前线、教学经验丰富、道德高尚的人员担任;教学质量保障工作不仅可以保障高校的教学质量,还可以保障高校工作的顺利进行。其次，建立教学质量的激励机制。通过激励机制，可以使教师树立教研教改的意识，激发其提高教育教学质量的热情，促使其不断改进教学手段与方法，从而提高教学质量。

高校可以结合本校的具体实际，建立一个切实可行的激励机制。教学过程与教学效果是其中重要的两个方面。教学过程是否扎实，直接影响到教学效果和教学目标的实现，而教学效果又可以客观地反映出教学过程的实施程度及教学过程中存在的问题。从两者的关系来看，良好的教学效果要靠教学过程的有效实施来保证，教学过程的实施程度又可以为保障教学质量奠定良好的基础。

对教师教学质量的评估是高校教学质量评估工作中非常重要的一部分，在具体的评估过程中，要对教师教学活动中各个环节的执行情况进行连续性评估，如教学计划评估、教案评估、授课评估等。只有如此，才能保证教学质量保障体系的顺利运行。

一个完整的教学质量标准运行系统主要包括学生信息与教学评估信息两个方面：

一、学生信息

坚持执行学生教学信息员制度，以学生教学信息中心为载体，及时收集、整理学生的意见和建议，并反馈至个人，可以促进教学质量的提高。

（一）学生评价信息

在学校教学中，学生是教学活动的主体和核心，是教学质量评价信息的重要来源。通过学生座谈会、学生信息员定期或不定期反馈、学生评教、校长信箱、教务处处长信箱等途径，了解学生对教学各环节的意见和建议以及对教师教学质量的评价。

（二）学生学习质量评价信息

学生学习质量评价信息主要是指对学生学习质量的评价，主要包括对学生学习过程的评价和对学生学习结果的评价两个方面。通过主讲教师、导师、主管学生工作的副书记、辅导员等，多途径、全方位了解和掌握学生的学习状态和学习风气，并通过期末考试全面分析学生的学习效果，过程评价与结果评价相结合能很好地评估学生的学习情况。

（三）毕业生质量跟踪调查信息

毕业生质量跟踪调查信息即采取普遍调查与抽样调查等形式，跟踪调查毕业生的质量信息。毕业生跟踪调查由招生就业处和学生处负责，各院（系）配合完成。在跟踪调查后，应写出调查报告，向院校领导汇报并向各教学系反馈，以检验人才培养工作，为人才培养方案的修订和课程结构的优化提供依据，使培养出的人才更加符合现代社会的需求。

二、教学评估信息

在高校教学质量评估系统中，教学评估信息属于教学质量标准运行系统的重要组成部分。作为设计者，要科学设计评价方案，进一步加强对教师课程教学质量评价结果的应用，充分发挥其正面引导作用，促进教师改进教学方法和手段，提高教学水平。

一般情况下，教学评估信息主要包括以下几个部分的内容：

（一）校领导评价信息

在高校教育实践中，院校领导要深入教学管理部门、教学系、课堂、教室、实验室以及教师和学生中，通过听课、座谈会等形式，全面了解教学状态，及时发现和解决教学中存在的问题，保证教学活动的顺利进行。

（二）教育教学督导员评价信息

高校相关领导要在每学期定期或不定期地到教师课堂中听课，并填写听课记录表，最后做出必要的评价。另外，高校领导还需要了解授课教师，特别是青年教师的教学基本情况，积极对其进行指导，并向教育教学督导办公室反馈教学信息。高校领导还应不定期地对实验、实习、毕业论文（设计）等展开专项检查和督导，争取收集到更多有用的评估信息。

（三）教师教学评价分析

在学校教学中，教师的教学评价是必不可少的。教师教学评价活动在每学期期末举行。课堂教学质量评价主要包括教师的教学态度、教学基本技能、教学方法、教学内容和教学效果等。实验、实习教学评价主要从过程和结果两方面进行评价。如果评价不当，还会挫败教师教学的积极性。

教师是教学活动的主导，在教学活动中起着重要的指导作用。在高校教学中，通过有效的教师教学质量评价，尽可能以存在的问题为导向，可以产生正确的导向和激励作用，调动教师教学工作的积极性，促进教学内容和方法的改革，不断提高高校教学质量。

通常情况下，可以将教师的教学评估分为优秀、良好、合格、不合格四个等级，其中，总分在90分以上为优秀，总分在80~89分为良好，总分在60~79分为合格，低于60分为不合格。

（四）高等教育教学质量评价指标体系的设计原则

高校教学质量评价指标体系的构建要坚持系统性、公正性、应用性和导向性四大原则。这样制定出的评价指标体系才是科学的、合理的。

1.系统性原则

在设计具体的评价指标时，要尽量保证各项一级指标间既要相互关联，又要相互独立。为使评价者和受评者明确评价目的，应在每个二级指标后面列出主要观察点，并给出明确的内涵和科学的解释。在整个评价指标体系编制完成后，还要进行指标遴选、指标权重设置，以保证整个评价体系的完整性和系统性。

2.公正性原则

在设计评价指标体系时，一定要保证设计的公正性，否则教学评价就失去了应有的意义，评价活动也是无效的。因此，首先要保证被选择的各项一级指标对评价对象而言具有可比性，因为可比性是保证公正性的前提。符合可比性条件要求的指标必须通过严格的论证和横向的比较，以确保评价指标的合理性。

3.应用性原则

高校教学评价指标体系的设计要坚持理论与实践相结合、主观与客观相结合的应用性原则。在制定应用性原则的过程中，一定要符合教育规律和客观实际，脱离现实的评价指标是空洞的，是经不起实践检验的。因此，指标的选择要简单、实用、易于操作、繁简适中，这样才有利于教学评价活动的开展。

4.导向性原则

一个良好的评价指标能起到重要的指引作用。因此，为确保被选择的指标具有持续性、导向性功能，在制定各项评价指标的时候，应把导向放在首位，用发展的眼光看待评价指标的设置问题。评价的目的不是单纯评出名次及优劣程度，更重要的是引导和鼓励被评部门向正确方向和目标发展，这样才能发挥评价工作的导向功能，保证教学评价活动的顺利进行。

以上几个评价指标体系的设计原则都经过了反复实践，根据这些原则能制定出具有可视性、可比性、可操作性、可持续性的评价指标，为各项评价活动的开展打下了坚实的理论基础，也为受评部门改进工作指明了方向。

在具体的高校教育中，由学生个人的需要所形成的动机是促使一个人学习成功的重要因素。在高校课程的设置中应充分考虑学生个人的志趣、爱好和职业志向，这是保证高等教育质量的一个不容忽视的方面。随着市场经济体制的逐步确立和由此产生的高等教育体制上的变革，学生自主择业、双向选择和自费上学的体制逐步完善，在相当程度上要求高校的课程设置必须考虑学生的各种需要。

高校课程改革的新的研究成果使高校的课程编制者和广大教师对整个教学过程或其中的某些方面有了新的认识，从而在一定条件下促使人们探索新的方式方法或建立新的课程目标。例如，心理学对人在无意识状态下的学习效果的研究，促进了对暗示教学方法的探索。再如，对知识传授和能力培养关系的进一步认识，催生了以能力培养为核心的教学体系的实践尝试。在当代，教育学与心理学的研究成果为学校课程改革提供了关键的理论支持，加速了课程改革的进程。

一个国家或一所高校的课程改革常常是内外部因素、共同因素与特殊因素相互交织在一起而发生作用的，往往既要解决共性问题，也要解决个性问题，既要跟上时代步伐，满足社会各方面的需要，又要遵循教育自身的发展规律，按照自身逻辑做出改变。正因如此，高等学校课程改革的任务显得格外复杂和艰巨。同时，这也为高等教育理论研究展示了光明的前景，特别是高等学校课程研究，将会成为一个大有作为的研究领域。

在当今社会背景下，高校教学课程向着综合化的方向发展，其原因有两方面，一方面是当代科学技术发展高度综合的影响，另一方面是因为当代重大社会生产、生活问题的解决需要多种学科的协作。现代高级专门人才的培养已不能囿于过去那种狭窄的知识面，而必须代之以较丰厚的知识基础和较广博的文化素养。在全面提倡素质教育的今天，提高学生的综合素质非常重要，这能帮助学生在毕业后更加快速地适应社会。

第三节 教学质量检查评估系统

在高校教育中，建立一个教学质量检查评估系统也是非常重要的，它属于教学质量决策实施系统的重要组成部分。下面主要阐述实施教学质量评估的几个工具以及实施办法：

一、观察法

观察法是指评价工作者对评价对象就评价的各项指标直接进行现场观察的方法，这种方法多属于对行为表面的测评，它不同于纯粹的日常观察，纯粹的日常观察所得印象较为笼统、含糊，或流于主观臆断，而这里所说的观察法是按照要求进行科学的控制，明确观察的内容重点，并制订观察计划。

（一）观察法的分类

一般情况下，可以将观察法分为非参与（不介入）观察和参与（介入）观察两种形式。在进行非参与观察时，观察者处于被观察对象的外部，他们观察事物正在发展的过程，不提出任何问题，只是记录事件发生的过程。

参与观察是指观察者在某种程度上直接参与观察过程的观察方法，与被观察对象发生一定的联系，参与他们的活动。进行参与观察时，观察者可以采取中立的立场，在观察的过程中，观察者应该采取小心谨慎的态度，一般应当遵循下列规则：

（1）充当该集体的普通一员。

（2）不露声色，不对发生的事情表示出过分的兴趣。

（3）多听，多观察，少提问题。

（4）发言应保持中立，不做评价。

如果从控制条件来看，可以将观察法分为自然观察法和实验观察法两种。

自然观察法是指在日常教育、教学活动或日常生活等自然条件下的观察，但观察者事先必须明确要观察哪些行为表现。

实验观察法是指在严密的条件下，观察者人为地引起学生的行为反应，以进行观察的方法。若从取样的角度看，实验观察法可以分为时间样本法和情境样本法。

时间样本法是指在限定时间内的观察，因为在限定时间内观察到的现象是整个活动时间内的全部现象的一个样本，因此主要有以下两种方式：一种是不同时的取样观察，如观察学生自觉遵守纪律的情况，可在自习时间或其他学生有自主表现的活动时间进行观察；另一种是同时的取样观察，即在同一时间内，协同其他评价工作者同时进行观察。这两种观察法在高校教学中最为常用。

（二）观察法的记录

观察法通常借助直接感知，通过直接记录来整理有关资料，一般情况下主要有快速记录、卡片记录、表格记录、观察日记、录音录像等方式。下面主要介绍卡片记录这种形式。

卡片记录这一形式在教学质量检查中运用得非常广泛，它运用卡片的形式，按观察对象分户记录，即一个个体一张卡片，每张卡只记一件事。

观察法能很好地测试被测试者的外显行为，但对于一些人的心理活动则无法通过观察法观察出，这时就可以采用问卷法，如测试被测试者的思想倾向、态度、兴趣、性格、意向等内容时，往往采用问卷法。问卷法的优点比较明显，一般来说不受空间限制，在短时间内可以获得较多的资料，有利于获得更加准确的评价结果。

一般来说，问卷通常可分为限制式、半限制式和开放式三种。

限制式问卷根据测评的需要以及实际情况，对提出的问题事先安排好答案，由被测试者从中选择适当的答案。通常被测试者在选择的答案上做记号。限制式问卷的优点是回答的类别标准化，有利于统计、比较和分析。

采用开放式问卷既可以让被测试者自由发挥，也会使被测试者感到比较自然，但由于答案不是标准化的，在整理和分析资料时要比限制式问卷更加费时、费力，而且这种问卷要求被测试者有一定的文化水平，因此，必须视被测试者的实际需要选用问卷的形式。

在具体的测评中，设计问卷时需要注意以下几个方面的要求：

第一，问卷的内容必须与测评的对象、目的相符合，问题太多容易引起被测试者的厌烦。

第二，问卷形式的选择应依照经济、可靠和准确的标准，尽可能使用限制式问卷，当然也需视问题的需要而定。但整个问卷不适宜安排太多的开放式问题。

第三，措辞和语言要准确、通俗易懂，所问的问题要清晰、不含糊。

第四，注意问卷的次序，以能引起被测试者回答的兴趣为原则，问卷的问题可按时间顺序排列。在内容上，可先问一般性内容，再问特殊内容，可按从易到难或从熟悉到生疏的顺序排列。在类别上，同类问题要放在一起，一般来说可分为基本资料、行为资料和态度资料三种。

第五，整个问卷前面要有适当的说明和指示，说明测评的目的、要求以及保证保密等。如果问卷分几部分，必要时每部分都应有说明。

二、访问法

访问法是通过评价工作者与受访者直接交谈而取得信息的方法。访问可以说是一种有目的的谈话，能根据事先设计好的问题进行，有时也可用电话交谈。

利用访问法，需要遵循一定的步骤，按部就班地进行。

（一）全盘策划

在做访问之前，首先要确定各方面的要素是否准备齐全，如所需要的人力和物力是否准备好。另外，还要认真地制定一个工作日程表，其中包括工作项目和完成时间。例如，选定访问对象、问题设计、确定或训练访问员、工作安排等。访问员的确定应考虑其能力，也应考虑其性别、年龄以及对受访者的影响等因素。

（二）接触受访者

在进行正式访问前，要向受访者说明访问的目的、意义、访问时间、访问地点等，并对来访者做介绍。需要格外注意的是，访问地点最好是中立地点或有单独的房间，这样才能确保采访获得理想的效果。

（三）正式访问

一名优秀的访问员应善于与受访者建立良好的关系，在进行访问的过程中，能很好地控制自己的情绪，并认真记录好访问的内容。记录的方法可采用速记、缩记、简写或易于辨认的符号。但谈话时，记录往往会分散受访者的注意力，或使受访者感到不安，所以有时可采用凭记忆记录的方法。最好设置两名访问员，即一名提问题，另一名用心记住，并在访问后予以记录。

访问员在访问的过程中不要紧张，要保持放松的心态，要事先熟悉需要问的问题，对受访者的回答做好心理上的准备。访问员对每个问题应保持中立，即不要以自己的情绪影响受访者的回答。同时，访问员应具有平易近人、观察力强、说话易懂、不慌不忙、有耐心、善于保持沉默的品质。此外，访问员的服装应尽可能考虑受访者的社会地位等，避免穿得过于讲究，因为过于讲究的服装会分散受访者的注意力，难以取得良好的访问效果。

三、测量法

测量法是指对教育过程中的客观事物进行数量化的测定，如对学生的学习能力、学业成绩、兴趣爱好、智商、品德以及心情、情绪等的数量化测定。这种测定通常需要借助相应的量具，如测量学生的学习能力、学业成绩的量具是测试题；测量学生兴趣爱好、思想品德的量具是量表；测量学生心情、情绪的量具是仪器，即通过脉搏呼吸、血压、心跳和外部行为的表现来测定。由此可见，测试题、量表以及仪器设备等均可作为测量的量具。

需要说明的是，任何测量都存在一定的误差，测量者只能力求达到最大的精确度，尤其是在教育测量中。因为教育现象的复杂性和测量的间接性，教育测量的精确度不如物理测量，存在一定的误差。教育测量误差的来源除了来自测量对象、施测环境、施测人外，更主要的是来自测量的量具。使用的测试题、量表很难把学生的知识、才能、思想一点不落地全部测量出来，学生的身心状况在不同的时候、不同的情况下有不同的表现，教育测量所能控制的条件也是有限的，因此，在教育测量工作中，必须采取有效手段，科学地编制测验试题和量表，妥善地选取和控制测量的对象以及施测的环境，科学地进行评分，以最大限度地减少测量误差，提高测量的精确度，并且还要周密而严谨地表述测量的结果。

一般情况下，教育教学质量的测评通常通过效度和信度两个指标来检验测量的效果。

（一）效度测量

效度是指测量工具或方法是否实现了预期目的，是否准确反映了所要测量的指标。例如，使用尺子测量身高是有效的，但用它测量体重则是无效的。又如，在测量学生的政治学科成绩时，如果测试题在很大程度上受学生语文水平的影响，那么该政治测试的效度就会降低。在教育测量中，效度问题非常重要。这是因为在其他领域中，测量通常使用一定的量具直接测量，且许多现象之间都存在函数关系，因此一般都能准确测量目标特性，效度较高。

与一般的测量不同，教育测量有着自己独特的特点，这主要体现在以下几个方面：

第一，教育测量的对象大多是精神现象，只能通过可观测的外部表现（如言语或动作）进行测量，以间接认识被测者的心理活动、心理特征或知识水平等。

第二，学生的心理活动、心理特征与其外部表现之间通常仅具有相关关系，而非函数关系，学生的外部行为并不能准确无误地反映其心理状态。

第三，教育测量的对象不是物，而是具有主观能动性的人。人能够有意识地调节自己的外部行为，掩盖自己的内心活动，这就增加了测量的难度。

因此，在教育测量中，测量的效度问题非常重要，必须给予高度重视。

（二）信度测量

信度是指测量的可靠性，即测试结果能否反映被测者的真实水平。若测试结果能反映被测者的真实水平，则说明测量的信度较高，或者说明该测试的结果是可靠的。

在教育测量中，测量的对象主要是学生，不易把握被测者的特性，为了真实地反映被测者的某种特性，更需要注重测量的信度。信度高的教育测量既可以给教育工作者提供可靠的信息，为教育决策提供依据，又能使学生认识到自己的实际情况，从而采取有针对性的学习方法，提高自己的学习质量。

第四章 教学督导队伍建设

第一节 教学督导人员的责任与义务

一、校长的责任与义务

（一）校长的教学督导职责

1.执行教育方针政策

高校校长作为高校教学督导的领军人物，应全面贯彻执行党和国家的教育方针、政策、法规，自觉抵制各种违反教育方针、政策、法规的倾向。

校长在任期间，应统筹协调各项教学管理工作，坚持按照教育规律办学，坚持社会主义办学方向，不断提高教育质量，重视培养德、智、体全面发展的社会主义事业建设者和接班人。

2.执行领导与干部政策

高校校长是高校各项教育教学管理工作的掌舵人，高校教育教学活动的开展、教育教学质量的高低都取决于校长的教育教学管理能力和作风，校长应认真执行党的知识分子政策和干部政策，依靠党组织，积极做好教师和职工的思想政治工作，团结、依靠教职工。

高校校长应重视教师队伍建设，组织教师进行政治学习与业务钻研，不断提高教师的专业执教能力，注重培养教师骨干。

在教育教学督导工作开展的过程中，高校校长应自觉接受党组织的监督，发扬民主，重视高校教学督导工作的科学、高效开展。

3.全面主持高校工作

高校校长是高校教学活动的主要领导者，从宏观方面指挥与管理高校的各项教育教学工作，具体来说，在高校的各项工作中，校长具有以下职责：

（1）领导和组织德育工作，坚持教书育人、管理育人、服务育人、环境育人的工作方针。

（2）领导和组织教学工作，坚持高校工作以教学为主，按照国家规定的教学计划、教学课标，开齐各门课程，做好教学管理。

（3）深入教学第一线，了解一线教师的"教"与学生的"学"的具体情况，不断提高教学质量。

（4）领导和组织体育、卫生、美育、劳动教育工作及课外教育活动，确保高校各项教学活动的有序开展。

（5）领导和组织总务工作，贯彻勤俭办学原则，确保总务工作始终以培养人才、服务教职工为核心。

（6）严格管理校产和财务。

（7）重视校风建设。

（8）关心学生和教职工的生活。

（9）配合党组织，支持和指导群众组织开展工作。

（10）发挥高校教育的主导作用，促进学校—家庭—社会教育的有机结合，建设良好的育人环境。

（二）校长的教学督导义务

高校校长作为高校内部教学督导队伍的领头人，在教育教学督导工作的开展过程中应明确以下义务：

1.贯彻落实国家教育方针

教育方针是高校工作的指南针，它指引着高校工作的方向，体现着对高校教育工作的要求，校长必须积极贯彻落实国家教育方针，把教育方针所要求的内容根据高校的实际情况贯彻到各个部门、各个环节的工作中。

在高校各项教育教学工作的开展过程中，相关人员的素质与觉悟水平参差不齐，难以始终保持高标准的工作要求。对此，校长应当积极发挥引导和规范作用，通过系统性的工作部署，推动各项教育教学工作的有效落实。一位好校长，应该能深刻体会教育方针的精神实质，能使高校全员为了一个目标共同努力，能调动高校各个部门、每一位教学工作者和相关工作人员的工作积极性，为完成教育方针规定的工作任务齐心协力，推动各项教学工作的持续、高效开展。

2.履行高校行政领导义务

高校校长由上级教育机关任命，受党和国家的委托，对高校行政工作全面负责。校长对高校的行政领导是指运用教育法规，行使教育行政职权，通过指挥和说服影响学校组织的群体与个体，从而实现行政目标的活动。

校长履行高校行政领导义务包含两个层面的含义：一方面，校长应从权利运用、规章制度的执行角度分析，通过命令、指挥，采取行政措施，行使行政职权，推动各项工作开展；另一方面，校长应从人际关系、感情等层面对学校组织及其成员施加影响。

具体来说，校长具有以下基本义务：

（1）全面贯彻党和国家的教育方针，执行上级指示，领导和组织高校的教学工作、思想政治教育工作、体育卫生工作。

（2）领导总务工作，关心师生生活，保护师生健康，培养与提高教师素质，管理人事工作等。

（3）校长应当持续提升学术素养，不断积累经验，提高领导能力和管理能力。

（4）校长应善于运用各种有利因素实现行政管理目标。

3.履行学校决策义务

高校教学工作内容复杂，各项教学工作烦琐，并且需要长期开展，面对这一庞大的系统工程，校长应做好系统的整体规划设计。

校长作为高校工作的规划者与设计者，是高校远景规划、近期发展的决策者，高校的办学特色、校风建设也是由校长决定的，高校的机构增减、人员安排同样是由校长决定的。

在高校教学工作的开展过程中，校长主要负责宏观层面的统筹规划，包括制订学校总体工作计划以及质与量的标准。各项工作的具体实施有赖于领导者和被领导者的共同参与，其中，校长的引领作用至关重要。

在校集体形成之前，校长需要进行前瞻性设计，首先构建观念蓝图，进而将其转化为现实的集体组织机构。在此过程中，校长还需着重考虑如何有效调动被领导者的积极性，以确保组织目标的实现。

4.组织和指挥学校工作

高校工作是个有机整体，必须要有一个着眼于全局的组织者和指挥者来协调各方面的工作，这个组织者和指挥者就是校长。

高校中的人、财、物怎么调遣，怎么配备，怎么组合，以及各项大型活动怎么进行，都取决于校长。以校长为首的领导人员是高校的"灵魂"，高校没有校长和相应的组织结构，就不能被称为校集体。

校长对集体的组织是实现集体目标的基础。校长在集体中应建立科学的管理系统，协调各方面的关系，监督、控制管理实施的过程，形成和谐的人际关系和融洽的气氛，形成健康的舆论和健全的规章制度，激发教职工的工作热情与积极性，落实各项工作。

5.履行育人义务

校长的角色是由高校教育工作的性质、特点和任务决定的。校长和教师的角色具有相关性，他们都是教育工作者。

从教学角色来看，校长主持高校的全部工作，其中最基本的工作是教学，在高校教学管理中，校长的任务是选择教师，分配教师的教学工作，所以校长也应和教师一样，履行好育人的义务。

从学生的角度来看，在学生心目中，校长是德才兼备的理想形象。学生和教师的交往比较频繁，认识到的教师更为真切，不会把教师"理想化"；而对于校长，由于交往较少，学生往往容易根据自己的想象，把校长"理想化""神秘化"，把校长当作教育界的领袖、权威人物。校长是师者之师，校长必须在任何教学工作的开展过程中都把"育人"目标放在首位。

二、督导专家的责任与义务

教育督导的工作性质决定了督导员必须由教学经验丰富的教授或专家担任，一些专家在教学工作研究上可能存在学科上的专业性，同时，也有一些从优秀教师成长起来的专家，这些优秀教师往往有一定的行政职务，或由于其他原因，不适合从事督导工作，选聘为督导员的难度较大。

督导专家的选聘较为困难，这是因为教学督导对专家的要求较高，在教学督导过程中，相关学者与专家应做好"督"和"导"的工作，在"督""导"工作中，明确"督"

"导"职责并认真履行自己的"督""导"义务。

在具体的高校教育督导工作的开展过程中，教学督导专家应注意将"督""导"相结合，具体来说，应做好以下工作：

（1）充分履行监督、检查和评教的职能。

（2）注重对教学问题的有效引导。

（3）注意教师在教学中存在的不足。

（4）肯定教师的优秀工作，适时与教师交流沟通，引导并协助教师解决在教学过程中出现的问题。

（5）督导专家与教师之间应是和谐、平等、合作、信任的关系。

（6）督导专家应做到："督"要严格、"导"要得法、"帮"要诚恳、"评"要中肯。

三、督导教师的责任与义务

在高校教学督导队伍中，会有一部分优秀的教师成为教学督导小组的重要成员。

一般来说，高校教学督导队伍中的教师往往可以分为两类：第一类由退休老教师组成。老年督导存在体质差、精力跟不上、缺乏创新等问题，在一定程度上会影响教学督导的质量。第二类由在职青年教师组成。他们的教学阅历尚浅，权威不足，但敢于创新。目前来讲，教学督导队伍中的年轻督导员非常少，这主要是因为年轻督导员不敢大胆提出问题，发表见解，担心影响督导质量。

督导教师在教学督导工作中的责任与义务具体包括以下几方面内容：

（一）提高自身的政治业务水平

教师应不断提高自身的政治业务水平，因此必须认真学习马克思列宁主义、毛泽东思想、邓小平理论、"三个代表"重要思想、科学发展观和习近平新时代中国特色社会主义思想，"不忘初心、牢记使命"，认真贯彻执行国家的教育方针政策，忠诚于社会主义教育事业。

（二）提高自身专业素质与能力

高校教师要认真执行国家的有关法律法规、制度和课程标准，并从实际出发，按具体条件制订各种工作计划，努力上好每一节课。高校教师应精通教育类知识，全面掌握专业知识与技术。

高校教师应不断提高自己的教学能力与专业素质水平，做好学生的表率，只有这样，才能影响学生，将丰富的知识传授给学生。高校教师必须努力掌握增进学生身心健康的手段和方法，保质保量地完成教育教学任务。

（三）教书育人，促进学生身心健康发展

高校教师是学科理论知识的传授者，是精神文明的教育者和传播者，是发展、培养和输送优秀现代人才的启蒙者。教师应履行好教书育人的基本职责与义务。

高校教师的出发点和归宿是全面促进大学生身心健康。教师在高校教学中应坚持改革、深入钻研、不断创新，不断提高教学质量，提高大学生的知识、技术和技能水平，激发大学生的学习兴趣，发展大学生的个性，最终实现教书育人的目的。

（四）进行教学研究

教学研究能力是高校教师的必备素质。高校教师的研究能力表现为对自己的教学实践和周围发生的教育现象的反思能力，善于从中发现问题和新现象，对日常工作保持敏感和探索的习惯，不断地改进自己的工作并形成理性的认识，积极探索教学规律，总结教学经验，不断完善教学工作。

第二节 教学督导机构的构成

一、教学督导机构的组织结构

目前，我国的高校大多实行校院两级教学督导体系，分为校级教学督导和院级教学督导两部分。一些高校的教学督导机构的名称不同，如校级督导、质量控制中心（院级），分工也不同。

校级教学督导负责对全校的教学秩序、专业建设、课程建设、教材建设、师资队伍建设、实训基地建设和教学改革等工作进行全面督查与指导。

院级教学督导由各二级学院院长分管，进行教学设施和教学环境督查，进行期初、期中和期末教学检查，保证日常教学秩序与常规教学质量符合学校相关教育教学要求。

二、教学督导机构的功能

（一）领导作用

高校教学督导机构在高校教学管理中对各项教学管理工作、具体教育教学行动和活动的开展起到了重要的领导作用。

在高校教学督导机构中，校长发挥着领头人的作用，但校长一个人的能力是有限的，高校教学工作需要整个教学督导机构成员的共同努力和集体领导，以便于集思广益，发挥每个人的聪明才智，形成集体的智慧，推动高校各项教育教学工作的开展。

在学校管理活动中，当管理者遇到重大问题或难以解决的问题时，可以听取领导班子其他成员的意见和建议，实行正确的决策，避免个人主观片面性，减少工作失误。

（二）导向作用

高校教学的发展需要相关领导者从整体上做出规划与设计，其中，高校教学督导机构发挥着重要的导向作用。

在高校教学工作的开展中，教学督导机构以其集体智慧制定出关于高校教学运行与发展的明确的、统一的目标，包括高校的办学目标和管理目标，每个成员对高校目标有着较强的认同感，而且会根据岗位职责把它分解到自己的工作目标中，然后借助一些管理手段，再把目标分解到每位教职工的工作目标中去，在管理活动中带领广大教职工去实现目标。

高校教学督导机构通过以下方式发挥其管理职能：首先，对下属各部门实施有效领导；其次，充分发挥督导机构成员在各自兼任部门的重要职能作用。这种双重管理机制实现了对教学领导工作的层级分解和有机衔接，确保高校办学总目标能够有效落实到全体教职工的具体实践中，从而充分发挥教学督导的导向作用。

在教学督导机构内部，每位督导成员都是不可或缺的重要组成部分。作为高校教学督导领导集体中的业务骨干，他们不仅具备较高的思想政治素质和业务能力，还能通过自身言行对教职工的思想观念、工作态度和教育行为产生积极的示范效应。因此，教学督导领导班子不仅在具体教学工作的指导与实施中发挥重要作用，其整体的政治素质、精神风貌和工作作风也对高校教学工作具有重要的导向作用。

（三）凝聚力作用

高校教学督导队伍在整个高校教学工作中发挥着重要的领导、导向作用，是高校教育集体的核心。

要认真贯彻党与国家的教育方针、切实执行本校的教育教学决策，就必须发挥教学督导机构的凝聚力作用，把全校的教职工凝聚起来。

（1）教学督导机构应使每一位教育者认同高校的工作目标，并使个人工作目标与高校工作目标保持一致，形成目标一体化的力量。

（2）教学督导机构应使每个成员之间心理相容，尤其是领导者与被领导者之间要彼此信任、相互尊重、相互支持。

（3）教学督导机构应能对广大教职工和学生产生较强的吸引力，使教职工和学生自觉服从领导，主动接受领导交给的任务，高效完成教与学的任务。

三、教学督导机构的成员

（一）专业结构

为更好地实施高校教学管理决策，推动高校教学活动的顺利开展，教学督导机构成员应是各个领域的"专家"，一个优秀的教学督导团队能根据管理职能的需求，将具有不同专业特长的成员进行科学组合，形成合理的专业结构，从而实现各类专业人才的优势互补和协同增效。

在教学督导机构中，各成员要在职责与素质上体现出单个成员的"一专"和集体领导的"多能"，举例如下：

（1）教学督导机构中的成员既需要有专长于做德育工作的，又要有专长于做教学业务的。

（2）教学督导机构中的成员既需要有专长于理科教学的，又要有专长于文科教学的。

（3）教学督导机构中的成员既需要有专长于行政人事工作的，又要有专长于党务工作的，还要有专长于总务工作的。

一个高效的教学督导机构，其成员的素质构成与专业优化是高校领导集体应该考虑的重要因素。因此，应重视考察与培养教学督导机构成员的专业素质，从而更加专业地应对教学中出现的各种问题。

在这里必须要特别指出的是，教学督导机构中各成员的素质和专业化并不等于专家化。专家化仅表明个体在某一特定领域的专业特长，并不能直接反映其管理能力。正如学术权威不等于管理权威，某一学科的教学专家未必能成为一名优秀的校长。因此，高校领导干部的专业化不仅体现在专业特长方面，更重要的是是否拥有相关领域的管理专长。

在高校教学督导机构的建设与成员选拔过程中，在优化教学督导机构的专业结构时，应当优先考虑成员是否具备现代科学管理专长，而非仅仅关注其业务专长。

（二）知识结构

教学督导工作是一项内容繁杂、范围较广的综合性工作，每一位教学督导机构的领导成员都必须具有比较全面且丰富的知识才能做好工作。教学督导班子的成员应具有较高的科学文化水平，且各成员之间能进行合理的组合，优势互补、相互促进。

作为高校教育教学管理的总领导，教学督导者更应具有较高水平的科学文化知识，否则就难以树立教学督导机构的专业性与威信，不能承担高校教育教学管理的重担。

教学督导的各成员在"一专"的基础上，还应满足以下要求：

（1）掌握系统的马克思主义理论知识。

（2）了解相关教育方针、政策和法律法规。

（3）具有广博的科学文化知识。

（4）掌握基本的教育教学和管理理论。

（5）具有一定的教育实践经验。

（6）至少擅长一两门学科的教学。

就个人的知识与素质结构来说，一名教学督导者不可能掌握所有学科的专业知识，也不可能精通所有学科的教学。学校教育是对学生进行的多学科、多方面素质的综合性教育，因此，作为教学督导机构的成员与学校教学的管理者，教学督导者必须具备尽可能多的教育知识，同时教学督导机构还必须汇总、整合不同教学督导者的知识与能力。

高校教学督导机构是一个教育教学管理职能较为完善的高校内部管理机构，在高校教育主管领导的组织下，通过构建分管教学校长、教导处主任、各学科教研组长等领导集体，优化教学督导者的知识结构，实现高效的教学管理。

在高校教学督导机构中，校长、分管教学的副校长、教务主任等教学督导者，必须对所有学科的教学进行管理。在管理过程中，不能单靠某领导者一个人的力量，而必须建立一个具有合理知识结构的领导集体，使领导集体具有多学科的综合知识，包括社会科学、自然科学、思维科学、管理科学等。通过领导集体的领导，对高校各学科的教学进行管理。

（三）学历结构

学历反映了一个人受专业训练的程度，专业反映了一个人曾接受过什么样的知识、技能和能力教育。学历结构是教学督导集体知识结构的一个重要标志。世界上许多国家在选拔校长时都注重对校长学历的审查。

在高校教学督导队伍中，不仅对作为主要领导人的校长的学历有较高的要求，对督导机构的其他成员的学历也有一定的要求和标准，各成员之间的学历结构比例应合理。

但是学历并不能完全概括个人的能力。人才科学研究认为，一个受过大学教育的人，在其一生所掌握的知识中只有 20% 是在学校中获取的，而 80% 的知识是在工作实践中不断学习积累起来的。因此，优化教学督导集体的知识结构，不能只注重学历，还应注重每位领导成员实际的知识水平。

每位领导成员的知识结构水平是不断变化的，教学督导集体的知识结构也并非一成不变。根据这一特点，应注意成员之间的岗位流动，鼓励成员学习进修，实现知识结构的动态优化，以提高每位成员的知识素质。

（四）年龄结构

年龄是人的生理、心理功能的标志，而且也是人的知识经验的标志。从人的发展趋势来看，年龄与个人的智力、经验、阅历等的发展存在一定的正相关关系，不同年龄阶段的人，其知识经验、智力能力、精力体力等方面表现出的优势和劣势也各不相同。

例如，老年人有丰富的阅历、广博的见识、沉稳的个性、独立的思维；中年人有成熟的思维、深刻的见解、坚忍的毅力、开拓的胆略；青年人有充沛的精力、敏捷的思维、活跃的思想等。从年龄、个人综合能力、个人素质来看，老年人、中年人、青年人各有劣势，如老年人精力缺乏，记忆力衰退，反应迟缓；中年人生活、工作、思想负担太重；青年人有时容易冲动等。

高校教学督导机构成员应该有合理的年龄结构比例，既要有年长的教育教学管理经验丰富者，也需要不断吸收年轻的、具有创新思维与意识、接受新事物快、能紧跟时代与社会发展动态的教学督导者与教学管理者，年龄状况关系到教学督导队伍的创造力、生命力，以及学校教育事业的继承与发展问题。

目前，我国多数高校的教学督导队伍仍然以退休教师或有丰富教学经验的兼职教师为主体，但是必须认识到，教学经验丰富或教学效果突出不等于教学督导能力优秀，督导专家往往容易站在教师的角度去评价教学，可能出现对新理念、新要求、新目标的理解不到位等现象。

因此，一个优秀的高校教学督导机构应当由老、中、青三个年龄段的成员按照合理比例组成。科学的年龄结构应当实现以下功能：年长者发挥"传、帮、带"的指导作用，中年人承担主要工作职责，青年人则发挥先锋作用。这种结构有利于形成良性的人才梯队，确保教学督导工作的持续性和发展性。

第三节 教学督导人员的选聘、培训

一、教学督导人员的选聘

在选聘高校教学督导人员时，应充分考虑专业因素，按学院的专业设置合理安排督导人员，并有针对性地分配教学督导员。

选聘教学督导人员，应以教育教学管理经验为主要参考，在此基础上注意以下两点：

第一，教学督导人员的选聘，要对备选人才的管理能力、智力能力、领导能力，以及知识水平与专业素质水平等有所考量。

第二，教学督导人员的选聘，应充分考虑到备选人才的各方面（如年龄、知识、学历等）素质与现有的整个教学督导团队是否匹配。

二、教学督导人员的培训

（一）培训形式

对教学督导人员进行培训的常见形式主要有以下几种：

1.培训班

当前，最常见的培训形式之一就是培训班，具体培训操作是：将受训的教学督导人员组建成教学班，进行面对面的教学培训。

培训班的形式有很多，主要有专题讲座、短训班、讲习班等，这种形式的培训特点如下：

（1）培训容量大。

（2）信息密度大。

（3）计划性强等。

（4）适合各类职务、新成员、骨干人员的培训。

2.研修班

研修班的培训形式主要是组织部分教学督导人员，展开对某些高校教育问题或某一主题的研讨。

和培训班相比，研修班对教学督导人员素质的要求较高，参加研修班的教学督导人员必须有较丰富的实践经验和一定的教育理论素养，否则难以产生良好的培训效果。

研修班的培训方式主要是通过集体探讨问题，相互交流，总结经验教训，提高教学督导人员的工作能力，促进督导人员之间良好关系的建立。

3.个别指导

个别指导培训的形式借鉴了传统的"师傅带徒弟"的方式，可以增强新教学督导人员的学习能力，较快地提高他们的综合素质。

个别指导具有以下特点：

（1）能清楚地掌握培训进度。

（2）有利于培训者和被培训者集中时间与精力参与培训。

（3）培训更有针对性。

4.教研培训

教研培训是对教学中的问题或专题进行讨论、观察以及分析，通过点评来提高教学督导人员的工作能力的一种培训形式。

教研培训形式需要将学员分成若干小组，对课堂中发现的问题进行讨论，主讲教师积极引导讨论，并在其中渗透知识、教学精神、教学作风。

5.课题研究

课题研究是指将自学、研讨、试验、经验总结等有机结合起来，从而使教学督导人员的科研水平和综合能力有所提高的培训形式。具体方法有以下几种：

（1）课题研讨。

（2）理论学习提升。

（3）教学研究。

6.教学考察

教学考察是通过考察其他院校，借鉴成功经验来提高本校教学督导队伍人员的素质水平与能力水平的培训形式。

（二）培训模式

教学督导人员培训模式是指在学校范围内，提高教学督导人员的思想政治素质、教学能力，以有效地提高学校教育教学质量为主要目标的教育训练活动。

常见的教学督导人员培训模式如下：

1.岗前培训

教学督导岗前培训的培训对象是新教学督导人员。教学督导岗前培训的途径主要有两种：

第一种是脱产培训，培训任务一般都是由教师进修学校或专业培训机构与院校部门承担。

第二种是由高校组织成员进行学习，常见的形式有组织培训班，指定老教师传授经验，帮助、带动新教师等。

2.校本培训

校本培训是以校长为第一负责人，以教学督导人员在工作中学习为基本特征，将培训与教育教学、科研结合起来的一种培训模式。

校本培训具有以下优势：

第一，校本培训的针对性较强。校本培训将高校和教学督导人员的实际需求作为出发点，切实、紧密地与校情和教学管理工作相结合。

第二，在终身学习氛围的营造、培训时间的增加和受训教师覆盖面的拓展方面，校本培训有其独特价值。

第三，校本培训能很好地优化高校现有的信息资源、技术资源、人力资源、管理资源及各种物质设备。

第四，校本培训可以紧密结合教育科研与教育教学实践。

3.院校培训

院校培训主要指短期进修培训，短期进修培训的特点是时间较短，运用起来也比较灵活。

依据培训目标的不同，短期培训可以具体划分为很多种，如专题研究培训、计算机培训、骨干培训、岗位培训等。

（三）培训内容

教学督导人员的培训内容是多方面的，从培训体系构建的角度来看，培训课程设置应当以当前高校教育教学对教学督导人员的新要求为主要依据。此外，对教学督导人员培训课程内容的选择以优化与提升教学督导人员实施教学督导的能力为主要指导方向，基本内容如表 4-1 所示。

表 4-1 教学督导人员培训课程的体系及内容

序号	课程类型	课程内容
1	职业道德修养类	教学督导人员职业道德的时代内涵、教学督导人员自我价值的实现与幸福感等
2	教育理论类	课程理论、现代教学论、发展心理学等
3	现代教育技术类	信息技术与学科的整合、信息技术与教学的融合、计算机在教学中的应用、课件制作等
4	教育教学技艺类	学科知识与技术技能掌握、各学科教材教法分析等
5	教育科研类	科研方法和实践、教育教学热点问题探讨，案例分析，教育行为反思与批判等
6	教育改革类	教学督导人员专业成长与发展、教学改革的解读等
7	知识拓展类	国际教育的理解、生涯教育等

第四节 高校教学督导的管理制度

一、高校教学督导的管理制度演变

（一）中华人民共和国成立以来我国出台的高校教学督导管理制度

中华人民共和国成立以来，我国一直都非常重视教育事业的发展，高校是重要的教育基地和场所，高校的教育教学备受关注。为了不断促进高校教育教学活动的有序、高效开展，以及促进高校教育教学质量的不断提高，我国先后推出了一系列高校教学督导管理制度，具体参考表4-2。

表4-2 中华人民共和国成立以来我国出台的高校教学督导管理制度

时期	年份	高校教学督导制度
高校教学督导职能的酝酿阶段（1949年—2011年）	1991年	《教育督导暂行规定》
	1995年	《中华人民共和国教育法》
	2001年	《关于加强高等学校本科教学工作提高教学质量的若干意见》
	2004年	《普通高等学校本科教学工作水平评估方案》（试行）
	2010年	《国家中长期教育改革和发展规划纲要（2010—2020年）》
	2011年	《教育部关于普通高等学校本科教学评估工作的意见》
高校教学督导制度发展完善阶段（2012年—至今）	2012年	《教育督导条例》
	2014年	《深化教育督导改革转变教育管理方式意见》
	2015年	《教育部关于深入推进教育管办评分离促进政府职能转变的若干意见》
	2016年	《北京市"十三五"时期教育改革和发展规划（2016-2020年）》
	2017年	《北京市属普通高等学校（本科）督导规程（试行）》《关于进一步加强学校内部督导工作的指导意见（试行）》

（二）我国几个重点高校的教学督导管理制度的建立

我国几个重点高校的教学督导管理制度的建立时间与教学督导任职人员情况具体见表 4-3。

表 4-3 我国部分高校的教学督导管理制度的建立时间与人员情况

高校	年份	教学督导人员
北京大学	1996 年	熟悉国家教育方针政策、教学水平高、工作责任心强、治学严谨、身体健康的老教授
厦门大学	1997 年	教学经验丰富、学术造诣高的离退休的正、副教授
宁波大学	2000 年	校聘关键岗位、资深岗位或者具有高级职称的离退休教师
哈尔滨工业大学	2002 年	教学水平高、教学经验丰富、责任心强、热爱教学工作的退休教授和现职教学带头人与教师
北京师范大学	2007 年	坚持原则、实事求是、教学水平高，在本专业领域里有一定影响的教授
华北电力大学（北京）	2010 年	熟悉国家有关教育方针政策，具有高度事业心和责任感，有丰富的教学实践经验，有较高威望的教授

二、高校教学督导的管理制度改善

（一）完善教学督导队伍

（1）完善教学督导队伍建设中的人事制度。

（2）制定合理的评估标准，避免主观因素的影响。

（3）制定科学的督导人员评价制度。

（4）教学督导队伍结构科学化，具体包括教学督导队伍的职务结构、年龄结构、人数结构、知识结构等。

（5）加大对教学督导人员的培训力度。

（二）转变教学督导意识

（1）高校领导者要转变观念，充分认识到高校教学督导的重要意义。

（2）高校领导应当进行正确的引导，使高校内的所有教职工意识到教学督导的重要性。

（3）高校应加强管理，确保教学督导人员能够按照相关制度开展工作，确保各个部门都能积极配合教学督导工作。

（三）完善相关规章制度

（1）明确教学督导规章制度制定的原则。

（2）通过制定相关制度，明确教学督导人员的权利与义务。制定严格的制度体系，为教学督导工作的开展提供可靠的保障，让教学督导人员能够严格按照规章制度办事。

（3）建立督导标准制度，督导标准应当具有针对性，对于不同的督导对象、不同的工作内容，要采取有针对性的督导方案。

（4）被督导人员应按照规章制度来履行各自的责任，配合教学督导各项工作的落实。

（四）提升教学督导机构的独立性

教学督导机构必须独立起来，杜绝外界客观因素的干扰，保障工作的正常开展，保障教学督导的公平公正。

教学督导机构的领导所拥有的权力越大，其工作范围也就会越大，督导结果就会具有更大的权威性，对独立性的要求就越高。

（五）健全教学督导反馈机制

重视教学督导反馈，保证教学督导的有效性。

（1）建立完善的教学督导沟通反馈机制，及时发现教学工作中的各类问题，及时优化教学工作。

（2）建立双向反馈机制。教学督导反馈不是单向的工作，督导人员和被督导人员应当互相沟通。

第五章 质量监控体系建设

第一节 高校教学质量监控体系的构成

高校教学质量监控体系分为内部监控与外部监控，本节将着重讨论高校教学质量内部监控体系。

高校教学质量内部监控是指，高校利用各种方法与手段，遵循规律与先进理念的指导，科学合理地对高校教学的质量进行检测、管理、监督，以此来保证教育质量能保持在较高水平上并有所提高。因此，高校教学质量的内部监控体系是高校为了更好地监控教学质量、提升教学水平而设立的一种内部体系。

迄今为止，对于高等院校本科教学质量内部监控体系的构成要素，各高校尚没有形成一个统一的认识。

在《教育部 2019—2023 年普通高等学校本科教育教学工作评估专家委员会章程》和《普通高等学校本科教学工作合格评估结论审议办法》中，对普通高校本科教学质量内部监控体系的构成做了如下说明：

教学质量监控体系包括目标的确定、各主要教学环节质量标准的建立、信息的收集整理与分析、信息反馈与调控等环节。一个有效的高校教学质量内部监控体系一般应由教学质量决策与指挥系统、教学质量管理与调控系统、教学质量检查与监督系统、教学质量评估系统以及教学质量信息收集与反馈系统五个内在联系的子系统构建而成，并且通过教学信息的不断反馈，形成一个不断改进、不断发展的闭环系统。

一、教学质量决策与指挥系统

在高校教学质量监控体系中，教学质量决策与指挥系统发挥着重要的作用，它作为高校教学质量监控体系的核心，承担着管理与操控的任务。教学活动的目的是满足社会的需要，进行人才培育活动，教学质量与决策指挥系统可以设立教学目标，并制定相应的管理方式，在科学合理的理论的指导下，按照高校的实际情况与高校特色、专业的培养要求，来设定各个教学活动的内容，并对高校的教学质量评价与管理活动进行规整与协调。教学质量决策与指挥系统还可以为教学管理活动制定管理标准，帮助高校完善教学质量管理体系，从而保证高校的教学水平与质量能够稳定提升。

教学质量决策与指挥系统一般由分管教学的校长负责，由学校教学工作委员会、学术委员会负责人，教务处、科研处、人事处、学生处、财务处等主要职能部门领导，由各院系领导以及部分资深教授组成。在校领导的带领下，教学质量决策与指挥系统基于高校的发展建设与高校教学改革的需要，在调配好高校内各个组织关系的同时，还要统一好高校内子系统之间的运作关系，使得各个部门与系统之间能够和谐共处，通力合作，共同运用校内资源，保障教学质量，将创新理念运用到实际工作中。

二、教学质量管理与调控系统

高校教学质量管理与调控系统为整个监控系统的高效运行提供保障。其核心机构是教学运行管理部门，一般由教务处以及其他相关的教学管理部门，如学生处以及教学资源的管理部门构成。教学质量管理与调控系统的运作模式主要是由校、院系和教学部（或教研室）构成的三级运作模式。

教学质量管理与调控系统的运行主要依托于高校内的规章制度，通常情况下会规定在某一时间进行检查或直接进行突击检查。检查的内容主要是教学活动中的各种内容与方式方法等，从而保证课堂的高效与教学活动的正常运行，同时对教学活动进行实时监测，从而及时反馈教学活动中产生的问题，并进行改进与调整。

教务处作为高校内部的职能部门，在教学质量管理活动中发挥着重要的作用。教务处的主要职责包括：对高校内各专业课程进行调配，代表高校行使管理职责，拟定关于教学质量管理的计划，监督教学计划的执行，监督教学目标的达成情况，对教师进行培训与指导。同时，教务处还根据高校的管理和规定，着眼于对教学计划、教学实施过程、教学实施后评估这三个环节的管控。教学部（或教研室）是高校内最基层的管理部门，也是实施教学监督的部门。它不仅是基层教学管理组织，还是最贴近教学活动的职能部门，因此不仅要对各个专业、各个学科的教学质量进行监督、管控和评价，还要掌握教学活动中教学质量的相关指标，并组织教师群体深入探究教学活动并进行教学优化改革，同时还要关注学生的学习活动，为其提供培训与辅导等帮助。

三、教学质量检查与监督系统

教学质量检查与监督系统是整个高校教学质量监控体系有效运行不可或缺的组成部分。其核心机构是教学质量督导部门，如教学督导委员会，其主要职责是对高校教学中的教学、管理环节进行监控，以检查、反馈、指导为主。

高校教学质量督导部门是在校长的直接领导下，与教务处、学生处等部门平行的、具有独立工作职能的部门。这是因为教学质量监控不仅包含对教师授课质量和学生学习质量的监控，还包含对教学管理部门、学术部门、学生管理部门和保障教学条件的后勤部门的管理质量的监控。教学督导一般由富有管理、教学以及科研经验的专家组成。他们通过有针对性的专项检查，深入调查研究，检查学校的教学、管理等方面的情况，然后对学校的发展提出意见和建议，对监控的对象进行指导，并提供整改建议。

四、教学质量评估系统

在整个教学质量监控体系中，教学质量评估系统是重要核心，同时也是教学评价活动的信息来源。负责教学质量评估的组织机构是校内质量评估办公室，或校、院（系）两级教学委员会，主要负责对所属部门的教学工作进行统计、评价和咨询。教学质量评估系统主要对教师的专业能力、课堂质量、课程内容、学生的学习效果、课堂教学管理情况等要素进行评估，统计教学过程与教学管理中的各种情况与问题，并对其一一进行反馈，为高校管理者提供解决问题的对策与依据。

高校普遍建立了一套完善的教学评价指标体系，通过多种方式对教学质量进行全面评估。具体方法包括：调查问卷、随堂听讲、专家座谈、在学生间进行调查采访等。通过这些方法多方面、多角度、多主体地对教师的课堂质量进行评价，从而得出客观合理、具有综合性的结果，并将结果进行统计分析，反馈给上级部门、其他系统和教师，从而达到提高教学质量的目的。

五、教学质量信息收集与反馈系统

教学质量信息收集与反馈系统是监控体系有效运行的关键。有效的教学质量信息收集与反馈是教学质量监控的基础，它可以为各项整改措施的制定提供依据，使教师和教学管理人员及时发现教学过程中的偏差，并采取有效措施加以修正，从而使学校的教学活动符合既定的质量标准。高校教学质量内部监控体系如果缺乏教学质量信息收集与反馈这一子系统，就不能成为一个可循环的体系，教学质量也难以持续地提高。

因评价主体不同，教学质量信息收集与反馈系统也是一个有着多方面多角度的开放性系统，这个信息系统通常由教学管理者、教师、学生、督导员、信息员等成员构成，通常通过调查问卷来检验教学目标的完成情况，同时还通过大量统计教学活动中的数据与信息、调查毕业生就业创业情况、与实习或就业公司进行交流反馈、统计社会发展需求等方式来检验教学质量，并进行有效反馈。

教学质量信息收集与反馈系统在收集到有关教学质量的信息之后，对其进行整理、归类、分析，最后形成结论，并及时向教学决策与指挥系统反馈。教学决策与指挥系统在得到这些反馈信息后，及时对教学目标做出调整和修正，不断完善人才培养方案。此外，教学质量信息收集与反馈系统还需通过教学工作会议、反馈会、个别谈话等形式将收集到的信息分别反馈给教学管理者、教师和学生。管理部门和教学单位在得到这些反馈信息后，应采取有效措施，如调整课程设置和教学内容等，从而保证教学质量。

第二节 高校教学质量监控目标体系建设

随着时代的发展和进步，各个国家都越来越重视学校教育，高校作为人才培养和输出的重要阵地，更加受到重视。在高等教育发展的过程中，教学质量是最为重要的核心内容之一，不断提高高校的教育质量成为一个重要的研究课题。根据高校教育活动的特点和规律，高校教学质量保障体系必须以高校内部的教学质量保障为基础，以校内全面质量管理系统为教学质量保障体系的核心系统。高校教育的质量保障是一项复杂的系统工程，取决于外部质量监督体系和内部质量保障体系。外部质量监督体系受政府宏观管理、政策导向等因素的影响，内部质量保障体系受直接因素和生源、人才需求、就业导向等间接因素两方面的影响。只有将内部保障和外部监督有机结合起来，才能确保高校教育向着健康的方向发展。

在高校教学中，教学目标在一定程度上决定着质量目标，质量目标来源于教学目标。随着我国高等教育系统的不断改革与完善，高校在依法自主办学的前提下，不断更新质量观念，增强质量意识，形成自我约束、自我激励机制，建立完善的内部教学质量保障体系成为今后提高教学质量的一项重要工作和任务。

高等教育在推进中国式现代化进程中肩负着非常重要的使命，要想获得教育公平，就要先保证教育质量。高校教育质量对于一个国家或地区的发展至关重要。要想提高教育质量，首先就要确定一个合理和完善的目标体系。

一、目标对高校教学质量的影响

在高校教育中，教学目标的设定一直都受到重视。可以说，教学目标对学生的学习、教师的发展及教学质量的提高都具有十分重要的影响。一旦确定了教学目标，学生就要自觉地去追求、拼搏和奋斗。目标设置理论也认为，目标通过四种机制影响绩效：第一，目标具备导向功能，其作用在于引导个体关注并积极追求与目标相关的行为，同时避免与目标无关的行为；第二，目标具有动力功能，较高的目标比较低的目标具有更大的诱惑，更能使人做出更大的努力；第三，目标影响坚持性，它使参与者延长了努力的时间；

第四，目标促使个体思考如何实现目标，从而开发出更有效的策略和方法。

大量的实践与事实充分表明，在高校教育中，教学目标就是教学活动的指挥棒，按企业用人岗位需求设定教学目标，教学活动就能取得成功，所培养的人才就会备受社会欢迎；以应试为目的设定目标，就会使教学活动进入误区，所培养的学生就会出现高分低能的现象，学生就业相对困难。因此，依据社会对人才的需求设定合理的教学目标至关重要。

近些年来，我国各地有很多高校都进行了办学水平的评估。在评估中发现，各高校在教学目标的设定方面都存在一些问题。这些问题主要表现在以下几个方面：

第一，培养目标死搬教条，脱离岗位对人才的要求，教学大纲、教学计划缺乏现实针对性。

第二，教学目标单一，仅仅体现了人才的能力，思想品质、身心素质、职业意识、奉献精神、创业能力等方面在教学活动中几乎未体现。

第三，知识和能力目标的制定在很大程度上偏离社会的需求和毕业生的接受能力。

第四，教学目标引导下的教学活动没有脱离应试教育的怪圈。

总之，在高校教育中，学生在学习时通常会感觉学有所难、学用相距太远，从而使教育目标失去了其应有的功能和作用，严重制约和影响着学生学习的积极性，难以激发学生主动学习的动力，不利于高等教育质量的提高。

二、建立教学质量监控目标体系的注意事项

在高校教育中，要想设定一个合理的教学目标，需要做好以下两个方面的工作：

（一）以需求为依据确立教学目标

高校教育一个非常重要的目标就是使学生通过愉快的学习过程，成长为社会需要的人才。因此，社会生产的需求和学生与家长对学生成长发展的期望，就是高校教学质量管理活动中的顾客需求。满足了这两方面的需求，目标才具有其明显的功能。例如，高校在制定目标之前，应深入工厂、企业等用人单位，开展调研工作，认真分析本地区及全国的社会经济发展状况和各行业的发展现状，把握用人单位对人才的现实需求和未来发展趋势。高校与企业需要相互沟通，高校和学生要了解企业，企业也要认识高校和学

生。二者有机结合，才能确定合理的培养目标和教学目标。

（二）以培养目标为依据确立教学目标

对于一些高校而言，首先要在调查人才职业需求的基础上，认真分析职业能力的影响因素，分析其涉及的知识领域，能力范围及与之相关的生产、生活领域的真实情况，并以此为依据确定高校所要开设的课程、课题等教学总目标。也就是说，高校要以培养目标为依据确立教学目标，这种针对性培养对于学生在毕业后快速走上工作岗位、适应社会有非常大的帮助。

在学校教育中，教学目标可以说是一个总系统。教学目标主要包括课程教学目标、单元（或课题）教学目标及课时教学目标三个层次。在制定教学目标时，要注意教学目标的层次性、边界性和递进性，注意各层次教学目标之间的相互作用与关系。这些目标相互关联，上一层次的目标可分解为若干个下一层次的目标，若干下一层次的目标则组成上一层次的目标。同时，它们也相互作用，各层次目标的不断循环可以促成教学总目标的达成，并通过由上而下的具体化，使之成为一个完整的目标系统。从横向来看，教学目标有多个维度，主要包含了知识和技能、思想和人格、情感和意志、职业和意识、发展和创业等诸多方面，教学目标的多维性要求在制定目标时，要考虑人才培养的多面性、长期性和发展性，既要满足任职岗位的需要，还要满足学生职业发展需要，也要满足学生转岗再就业和自主创业的需要，同时满足系统性要求的目标，构成高校完整的教学质量目标体系。显而易见，这样的目标体系是非常科学、合理的。高校在确定教学目标时要充分考虑以上因素，结合社会与高校的具体实际制定教学目标。

三、教学质量监控目标体系的建立

教学质量监控目标体系的建立可以对教学质量的提高起到重要的保障作用。

（一）教学质量监控目标体系

一个完善的教学质量监控目标体系主要包括以下要素（图 5-1）：

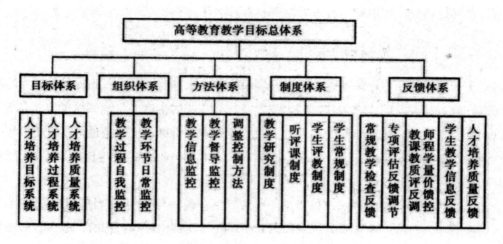

图 5-1 高校教学质量监控目标体系的要素

建立教学质量监控目标体系的主要目的是通过对人才培养全过程的质量监控，实现人才培养的目标。具体而言，主要体现在以下三个方面：

（1）人才培养目标定位、人才培养方案等。

（2）教学大纲的实施，师资的配备，课堂教学质量、教学内容和手段的改革，考核内容和方式的改革等。

（3）课程合格率、优秀率、各项竞赛获奖率、创新能力等。

（二）教学质量监控组织体系

在高校教育中，教学质量监控组织体系主要由教务处、教研室及教师构成，根据其各自的职能，在不同层面上实施质量监控及协同监管，主要可以分为两方面：

一方面，高校教学质量监控主要以教学过程的自我监控为主。在校长的领导下，充分发挥高校教学工作领导小组的作用，负责本校的具体工作，如对教师教学的监督、对学生学习的监督等。

另一方面，教研室的教学质量监控以教学环节的日常监控为主。由教研室主任负责组织本教研室的听课、试卷命题、阅卷、试卷质量分析、毕业论文质量分析等工作，并通过校、系、教研室组织的各类检查评估，如教案的撰写、作业布置与批改、教学进度计划、学生评教、教师评学、教研活动的开展等，严格把控各个教学环节的质量。

总体来看，当前我国高等教育的教学质量还存在一定的缺陷，缺乏对于整个学校教学质量的全面监控，更缺少相关的职能管理部门以及相关规章制度。因此，在建立高校内部教学质量保障体系的同时，一定要建立一个科学的教学质量保障组织系统（图5-2）。

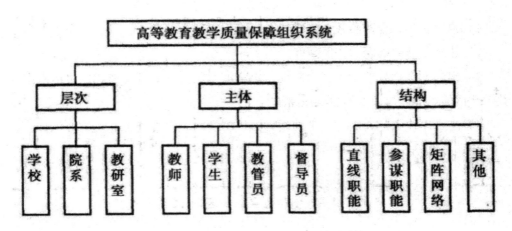

图 5-2 高等教育教学质量保障组织系统

（三）教学质量监控方法体系

在高校教学质量监控中，要采用合适的监控方法，才能确保监控的有效性和合理性。通过长期的实践总结，科学的监控方法应该是以评估检查为重点，以教学信息监控为辅助，针对教学的全过程实施监控。

对教学质量的监控主要包括教学信息监控、教学督导监控和调整控制三个方面，其基本的操作方法如下：

（1）教学信息监控

通过日常的教学秩序检查及期初、期中和期末教学检查，通过教学信息反馈和学习信息反馈等常规教学信息收集渠道，及时了解和掌握教学中的问题。

（2）教学督导监控

对所有教学活动、教学环节、教学管理制度、教学改革方案等进行经常性的随机督导和反馈。

（3）调整控制

根据信息收集、信息处理的结果进行及时的调控。

（四）教学质量监控制度体系

在高校教育中，教学质量监控制度体系主要是指以建立健全规章制度为先导，以严格执行为保障，全面监控教学质量。具体来说，涉及以下几个方面：

（1）建立科学、合理的教学研究制度。

（2）建立合理的听课、评课制度。

（3）建立一个良好的学生评教制度。每学期通过问卷调查的形式，由学生作为课程教学评估的主体，对教师的教学质量进行评估。

（4）结合高校实际，制定合理的教学常规制度。教学常规制度主要涉及备课、上课、辅导、考试等几个环节的内容。

（五）信息反馈调控体系

在高校教育中，要以日常教学检查与专项评估为契机，以教学督导、学生教学信息员及用人单位为依托，加大反馈和调控力度，不断改进教学工作，促进教育教学质量的提高。在构建信息反馈调控体系的过程中，需要重视以下几个方面：

（1）常规教学检查反馈调控

对问题展开总结和研究，及时查找和纠正教学工作中存在的问题，推动教学工作的持续改进。

（2）学生教学信息反馈调控

以学生教学信息中心为载体，及时收集、整理学生的意见和建议，坚持执行学生教学信息员制度，并反馈至教师个人，促进教学改革的深化和教学质量的提高。

（3）教师课程教学质量评价反馈调控

科学设计教学质量的评价方案，进一步加强对课程教学质量评价结果的应用，充分发挥其正面导引作用，促进教师改进教学方法和手段，提高教学水平。

（4）专项评估反馈调控

充分发挥各类专项评估的导向作用，坚持"以评促改、以评促建、以评促管、评建结合、重在建设"的方针，进一步加大督促整改的力度，切实规范教学管理，提高教学质量。

（5）人才培养质量反馈调控

及时调整人才培养方案，了解用人单位对毕业生的需求以及社会对高校人才培养的意见和建议，使高校各专业人才培养方案与社会需求相适应。

四、教学质量监控目标体系建立的对策

在构建教学质量监控目标体系的过程中，应通过理论结合实践，最终形成切实可行的监控体系，从而实现教学质量管理的规范化，提高人才培养的质量。

首先，要确立教学质量的准则与标准，进而使用超级文本预处理语言（Hypertext Preprocessor，以下简称为PHP）建立一个监控平台，实现教学质量监控的自动化和网络化，将平台录入的数据存入数据库，并对其进行整理和分析，形成教学效果评价体系。

（一）建立教学质量准则与标准体系

建立教学质量准则与标准体系的总体目标是树立现代教育思想，增强质量意识，确定各主要教学环节的质量标准，建立高校教学质量管理长效机制和质量保障体系，不断改善影响教学质量的内部因素（教师、学生、条件、管理）和外部因素（方针、政策、体制），通过科学的评价，分析教学质量，建立一个良好的信息交流与反馈网络，从而确保教学质量的提高。

一般来说，高校教学质量准则与标准体系的基本结构主要包含组织保障、质量目标、信息收集、评价分析、信息反馈和调控等。其基本功能如下：

组织保障是为了组织协调教学质量管理活动，保障各项教学工作及质量管理工作的顺利进行而构建的。

质量目标是以高校制定的人才培养总目标、子目标为依据而设定的教学环节质量目标的集合，通过建立目标体系，使教学各环节质量目标得以层层分解，形成一个比较完整的质量目标体系。

信息收集主要指利用多渠道收集、整理、分析、评估教学过程中的各种信息，并经过信息反馈，使各项教学活动与教学质量目标相匹配。

评价分析主要指依据教学评价体系和各教学环节的质量目标，对教学过程进行专项检查和评价。

信息反馈与调控主要指通过收集和整理教学质量信息，分析其与质量目标之间的偏差，经由校长办公室或教务处等相关职能部门研究后，形成调控意见并实施，同时检查实施效果，以确保实现既定的教学质量目标。

（二）建立教学质量监控方法体系

随着当今网络信息化的建设与发展，计算机在各领域都得到了广泛的应用。目前，在高校教育中，也基本实现了计算机管理，计算机在学生评价中的利用率也非常高。由于高校学生人数众多，上课时间分散，要组织学生按照规范为任课老师打分是非常难的事情。在当前的教学质量测评体系中，学生对教师的评价还基本停留在手工阶段。另外，在测评表收集上来后，数据录入、统计也是一件费时、费力的工作。目前，大多数高校采用抽样测评的方法来减少工作量，由勤工俭学的学生帮助统计、录入测评表，再利用电子表格或单机数据库应用系统进行计算。

在高校教育中，建立一个教学质量监控方法体系非常重要，其内容主要包括以下几个方面：

1.常规教学检查

在平时的教学中，进行经常性的教学检查是尤为必要的，其中，期初、期中、期末的教学检查是最为重要的三个部分。期初教学检查以教学秩序、教学准备以及教师和学生的到位情况为主，由各教研室组织；期中教学检查以自查为主，理论教学部在此基础上对半学期以来的教学工作进行抽查；期末教学检查以监测考风、考纪为重点，由理论教学部组织。

2.系级教学工作水平评估

在高校教育中，应充分发挥系级教学工作水平评估的激励和导向作用，促使各部门做好教学管理工作，推动教学管理改革，不断提高教学的质量和效果。

3.课程评估

深入开展课程评估对于教学质量的提高有非常重要的意义。高校相关部门应促进课程建设，提高课堂教学质量，进一步加强市级、校级重点课程以及精品课程的建设与管理工作，坚持对重点建设课程进行阶段性验收评估和结项评估，深入挖掘课程资源，及时总结课程建设的经验，推动课程建设的整合化和系列化。

4.实验室评估

坚持开展实验室评估，促进实验室建设，提高实验教学的质量。进一步加强校级重点实验室的建设与管理，推动实验教学环境的整体优化，推动实验教学改革，减少验证性实验，增加综合性、设计性实验，开放实验室，实现资源共享。

5.试卷评估

积极开展试卷评估，强化教师和相关负责人，尤其是教研室主任的责任意识，确保试卷质量，使各级各类考试能真实、全面、准确地反映学生的学习状况。

6.教研室评估

积极开展教研室评估，推动教学研究与改革的不断深入，使教研室能真正担负起教学建设、管理和改革的职责，保证教学工作的高效运行。

7.学生学习质量评估

评估学生的学习质量非常重要，制定"定量与定性相结合、个性与共性相统一、形成性评价与终极性评价相协调"的"知识、能力、素质"三位一体的人才质量评价机制，科学合理地对学生的学习质量进行监控。

8.教师课程教学质量评价

在具体的高校教学中，每学期组织一次学生评教、领导和督导评教相结合的教师课程教学质量评价，对评价结论不合格的教师，应组织专家进行诊断性听课，如结论属实，则暂停其教学工作或将其调离教学岗位，这样有利于教师提高教学质量，从而促进学生学习成绩的提高。

9.教学信息监控

高校教学信息监控的方式较多，可以通过师生座谈会、学生教学信息员等渠道，广泛收集各方对教学工作的意见和建议；也可以在校园网上公布各专业人才的培养方案，精品课程、重点课程的教学大纲，教学进度计划等，接受师生的监督和评议。

（三）建立教学效果评价体系

建立一个完善的教学效果评价体系有助于提升教学质量。教学效果评价体系是用数据库的方式处理获得的信息，便于对教学效果进行评价。

一般来说，教学质量监控体系主要采用 PHP 语言，它本身是一种面向对象的设计语言，具有强大的数据库操控功能，可以利用数据控件访问多种数据库系统，为程序设计带来便利。因此，教学质量评估采用 MySQL 数据库，具有可靠性、易用性等特点，能获得理想的评价效果。

在高校教学中，教学效果评价体系主要聚焦于对教师教学的评价、学生学习效果的评价。其核心是评价，是对教师、学生综合素质的全面评价。评价的流程主要包括：用户登录系统、用户管理、用户信息录入、教师评价、统计分析、查询、学业预警。

（1）用户登录系统是用户进入本系统的一个验证过程。通过此功能，可以区分各个不同权限的用户。

（2）用户管理是对用户个人信息、权限等的管理。

（3）用户信息录入是管理员对用户基本信息的维护。它可以方便用户查询及修改个人资料。

（4）教师评价是用户对教师的评价，也是此系统的重要功能之一。

（5）统计分析是指管理员结合用户的评价进行系统分析后得出的总评价。

（6）通过查询流程，用户可以对统计结果进行查询。

（7）通过学业预警，高校可以及时了解学生的学习情况，并做出及时的预警提示，采取有针对性的措施促进学生的发展。

通过以上流程，利用先进的网络技术，将处理分析过的内容直观、有效地反映在系统界面中，从而形成教学效果评价系统。通过这一评价系统，教师能清晰地看到教学效果，从而采取有针对性的措施改进教学过程，从而提高教学质量。

第三节 高校教学质量监控组织体系建设

在高校教育中，监控组织体系是教学质量监控体系的重要组成部分，这一体系的内容主要包括常规教学质量内部监控组织、教学质量督导团、教师组织和学生组织等。其中，教师组织和学生组织基于全面质量管理理论中的"全员参与"理念，并没有形成固定的机构或部门，但在教学质量监控活动中发挥着极其重要的作用。

一、常规教学质量内部监控组织

高校常规教学质量内部监控组织是指目前高校中普遍存在的校级教学质量监控机构、学院（系）教学质量监控机构和教研室。

二、教学质量督导团

在高校教育中，与一般的教学质量内部监控组织相比，教学质量督导团是一个相对独立的、有较强针对性的教学质量内部监控组织。"相对独立"主要是指教学质量督导团并不直接组织教学活动；"针对性强"是指教学质量督导团是专门履行教学质量内部监控职能的机构，它坚守服务教学和教学管理的理念，以不断改进教学质量为目标，在教学质量内部监控活动中发挥着重要的作用。教学质量督导团的成员主要包括教学专家或教学管理专家，他们普遍具有爱岗敬业、业务水平高等优良品质，对于提高高校教学质量具有重要作用。

一般情况下，教学质量督导团的主要工作包括以下三项内容：

（一）反馈和参谋

教学质量督导团首先需要展开调查工作，其调查的内容主要包括教师的教学情况、学生的学习情况，在此基础上发现教学工作中存在的各种问题，并向各个部门反馈，接下来计划和参与高校的人才培养和师资队伍建设等工作。

（二）督促和指导

教学质量督导团可以通过各种手段与措施来了解教师的授课情况和学生的学习情况，如听课、实践教学、查看学生作业和毕业设计等活动，这样能为教学活动的规划提供合理的依据。

（三）评价和建议

教学质量督导团通过对教师教的结果和学生学的结果的考核和评价，提出改进建议，以促进教学活动的良性循环。

三、教师组织

教师在高校教育中扮演着十分重要的角色，也是提高教学质量的决定性因素，因此，教师组织在教学质量内部监控组织中的地位至关重要。教师组织监控的重点在于学生的学习质量，其开展的监控活动主要包括以下两个方面：

一方面，教师之间组织开展各种教学研讨会，针对教风和学风发表自己的见解，探讨课堂教学和实践教学中存在的问题，并提出改进学生学习质量的方法。

另一方面，教师以教学规范作为行为准则，履行教书育人的职责，了解并掌握学生的基本学习状况，并与其他教师以及教学管理人员沟通交流，以加强对学生的教育和管理。教师在重视自己如何教的同时，还要重视学生如何学，在重视知识传授的同时更要重视对学习方法的传授，这样才能更好地监控学生的学习质量，从而培养出专业基础扎实、动手能力强、品德高尚和素质全面的人才。

四、学生组织

在高校教学中，学生是教学活动的主体，教师在其中起着指导作用。就当今高校教学质量内部监控活动而言，学生组织通常包括学生会和各个班级的教学质量信息员组织。学生组织的监控活动集中体现在学生评教活动上，主要包括针对教师的教学态度、使用的教学方法、讲授的教学内容等提出自己的意见和建议；发表自己在课程设置、学习方法、教材选择等方面的看法。学生评教活动的开展主要有两方面的作用：一方面可以激发教师教学的热情，促使其不断提高教学质量；另一方面，能有效调动学生学习的积极性，培养其自觉学习的意识和习惯。

在今后的教学活动中，开展学生评教活动需要注意以下三个方面的问题：第一，要明确学生评教的目的，教师和学生都要树立良好的态度；第二，要建立一个科学的评教指标体系；第三，要科学对待学生评教的结果，充分发挥学生评教的诊断和服务功能。通过这些组织活动，能为教师的教学和学生的学习提供良好的保障，保证教学活动的顺利进行。

五、扁平化监控组织的构建

高校教学的组织与管理非常重要，一个良好的教学管理组织能保证教学活动合理有序地进行，从而有效提高高校教学的质量。在高校教学组织与管理的过程中，少不了对教学质量的监控，在构建高校教学质量监控组织时，需要注意这一组织的基本结构，即要致力于构建扁平化的监控组织结构。"管理跨度"与"组织层次"是组织管理学中的两个重要概念。其中，管理跨度是指一个上级与它直接指挥的下级之间的数量关系，组织层次是指组织最高层与组织最低层之间所包含的层次。当组织规模相对稳定时，管理跨度越大，组织层次越少；管理跨度越小，组织层次就越多。这是高校教学质量监控组织的一个重要特点和规律，作为教师一定要把握好这一规律。

在高校教学质量监控组织中，这一组织体系呈现出扁平化的结构。在锥形组织结构中，由于管理层次偏多，信息从高到低或者从低到高的运行要经历多个层次，容易导致反映质量需求的信息传递的时间较长，而且信息经历的层次越多，其真实性和准确性也就越低，即便经过了漫长的等待，也未必能获得组织所期望的需求。信息的低效传递以及失真会导致质量要求难以满足，这势必会给教学质量内部监控带来重重困难，进而导致教学质量监控体系运转不畅，不利于教学活动的顺利进行。

大量研究表明，扁平化的组织结构能够在很大程度上提高受教育者需求的时效性和准确性，有利于高校教学质量监控活动的开展。然而，如何构建科学的扁平化组织结构仍是一个亟待解决的难题。对此，可以借鉴国外高等教育机构在实施全面质量管理中的成功经验。一是精简管理机构，压缩组织层级。国外的一些高等教育机构在教学质量内部监控活动中撤销了大量职能部门，由校长直接对接教研室，教学质量的相关信息传达到教研室，再由教研室直接传达至校长。二是减少或取消副职岗位。副职岗位的存在虽然没有增加组织层次，却增加了管理层次。在组织层级难以进一步压缩的情况下，减少或取消副职岗位不失为一种有效的替代方案。这两种做法都已经被证明是较为合理且有效的手段，高校可以结合自己的实际情况借鉴和采纳。

第四节 高校教学质量监控制度体系建设

要构建一个科学和完善的高校教学质量监控体系非常重要，它对于教学质量的提高具有重要的作用。在教学质量监控体系中，目标体系和组织体系是两个重要的组成部分，二者的发展都需要良好的制度来协调。构建教学质量监控制度体系的重点在于编制一套完备的教学质量监控体系文件，并不断完善这套文件。教学质量监控体系文件作为高校各个部门开展教学质量监控活动的"标尺"，其作用也十分突出。一般情况下，可以将高校教学质量监控制度体系划分为五个层次，即教学质量方针、教学质量手册、教学程序文件、教学作业文件、教学质量记录，每一个层次的内容都非常重要，需要引起重视。

一、教学质量方针

在高校教育中，教学质量方针充分体现了高校管理者的质量管理理念，是高校总方针的重要组成部分。一般情况下，高校教学质量方针主要包括以下三个部分：

第一部分是质量宗旨。质量宗旨反映了高校对教学质量以及教学质量内部监控的态度。此外，它还包括高校对家长、学生、政府和企业等利益相关者做出的承诺以及实现这些承诺应遵守的准则。

第二部分是质量方向。质量方向主要体现在质量目标的制定上。

第三部分是教学质量方针与高校总方针之间的联系与区别。教学质量方针的作用与意义重大，在制定教学质量方针时，应该把高校总方针和教学质量方针有机结合，综合考虑高校的发展方向以及相关各方的要求。教学质量方针为高校教学质量的改进指明了方向，是教学质量工作的行动纲领，因此教学质量方针的制定一定要科学合理。

二、教学质量手册

教学质量手册是高校教学和管理工作的重要依据，属于教学质量监控体系的重要内容，它在一定程度上可以展现出高校教学质量内部监控体系的运作状态。教学质量手册是高校开展教学质量内部监控活动以及制定其他监控体系文件的参考依据，因此具有基础性的特征。一般来说，教学质量手册对高校教学质量内部监控体系的描述应该兼具系统性和完整性，以确保教学质量内部监控活动的顺利进行。高校的教学质量手册还应尽量与高校其他标准和规定保持一致。与此同时，教学质量手册中的各项规定之间也不能互相矛盾。高校的教学质量手册旨在传达高校的教学质量方针，展示高校教学质量内部监控体系的构成，明晰各主要程序和要求之间的关系，为教学质量监控活动的进行提供重要的保障，如果缺少了教学质量手册，高校的教学监控活动就会显得无序，难以有效地开展。

三、教学程序文件

教学程序文件是指在教学活动中形成的文件，主要展示了高校教学质量内部监控活动的各个环节和各种程序。教学程序文件主要包括两部分内容。一是"5W1H"，即为何而做（why）、做什么（what）、由谁来做（who）、何时做（when）、何地做（where）以及如何做（how）。二是在教学质量内部监控活动中使用的工具和原材料以及对教学质量内部监控活动的文件记录。这两部分内容都非常重要，在构建教学质量监控制度体系时要引起高度重视。

四、教学作业文件

教学作业文件是包含了教学质量手册和教学程序文件的支持性文件，也是对教学质量手册和教学程序文件的进一步细化和补充。具体而言，教学作业文件是指高校针对各部门的不同职责和分工而具体规定的各种工作要求和准则，主要用于阐明教学过程或教学活动的具体要求和方法。教学作业文件应致力于实现教学质量管理职责的明确划分与有效执行，最大程度地减少部门间职责的缺失或重叠。一般来说，教学作业文件主要包括规则和岗位作业指导书两大类。作为教学管理人员，必须深化对这些文件的学习与理解。

五、教学质量记录

教学质量记录是指高校所记录的教学质量活动的执行情况，用以证明教学质量内部监控体系的有效运行。教学质量记录具有可操作性、可检查性和可见证性等特征，记录的内容中包含了大量的客观证据，从而为教学质量内部监控活动提供了重要的事实依据。

除此之外，教学质量记录也为判断高校的教学质量相关活动是否有效提供了重要的参照标准，现已成为高校做出决策和制定改进措施的重要依据。

以上就是高校教学质量监控制度体系的五个层次，每一个层次的内容都非常重要，缺一不可，需要引起高度重视。

第五节 高校教学质量监控指标体系建设

在高校教育中，建立一个教学质量监控指标体系非常重要，它对于教学质量的提高、高校教育的发展都具有重要的影响。作为高校教育工作者，一定要学会和掌握质量监控指标体系建设的方法，建立一个合理且符合教学实际的指标评价标准体系。

一、指标体系的概念与作用

（一）指标体系的概念

在一个评价体系中，评价的全部因素的集合就被称为指标体系，通过指标体系可以判断给定的目标能否达成。由此可见，设计指标体系的实质是规定评价哪些因素，不评价哪些因素，即将评价所依据的目标具体化、行为化。

实际上，指标体系有广义和狭义之分。上述这一指标体系的含义就是狭义的，它只包含各项指标的集合。广义的指标体系则不仅包含各项指标的集合，还包括各项指标的权重系数、评价标准以及各项指标的文字描述。因此，在实施评价工作之前，评价工作者不仅要将评价所依据的目标具体化、行为化，而且还要规定好各项指标的权重系数以及对各项指标的文字描述。

（二）指标体系的作用

建立指标体系对于教学评价工作的开展至关重要。可以说，它是教学评价工作的核心。假若没有指标体系，教学评价工作就会无从入手。首先，指标体系可以使评价细化为分项评价，这有助于避免评价者凭借主观臆断进行笼统评价，也有助于评价反馈功能的发挥。以对教师讲课质量的评价为例，可以将其分解为教学内容、教学方法、教学态度、教学效果等主要指标，而每一个主要指标又可以分解为若干个亚指标，通过评估每一个亚指标，可以发现教师的授课哪方面做得好，哪方面不够理想。这样得出的反馈信息才是有效和具体的，有助于教学质量的提高。

在进行教学质量评价的过程中，要采取各种手段和方法提高评价的客观性和精确性。评价是一个价值判断的过程，对某一事物做出评价就是对某一事物做出价值判断。由于人们的价值观存在差异，即便对事物的客观现状有充分了解，仍可能得出不同的评价结论。例如，在教育改革实践中，有的学校侧重于管理体制的改革，有的侧重于教学方法、教学内容的改革。评价者若从宏观控制的角度出发，可能会倾向于肯定前者；若从人才培养的角度出发，则可能会更欣赏后者。由此可见，一个复杂的系统包含着多种因素，评价者假若不借助指标体系进行分项评价，很容易造成评价的主观性，影响评价结果的客观性和精确性。因此，设计指标体系时必须要保证客观性和精确性，以保证评价结果的合理性和准确性。

建立一个合理的评价指标体系非常重要，在这一体系下，评价工作者可以实现有效的沟通与交流，从而得出理想的评价结果。因为指标体系的建立过程实际上也是人们价值认识趋于一致的过程，它将人们的价值认识凝聚并统一在各项指标相应的权重之中。只有具备一致的价值认识，才有可能获得一致的评价结果。因此，只有建立科学合理的指标体系，并实行分项评价，才能确保评价的科学性。综上所述，教育评价的指标体系是开展科学的评价活动的基础，建立科学合理的指标体系是进行评价活动的必要环节。

二、指标体系设计的原则与方法

（一）指标体系设计的原则

在设计高校教学质量指标体系时需要遵循以下几个基本原则：

1.方向性原则

在高校教学质量评价中，评价是按照一定的教育性质和教育目标进行的，这就涉及方向性的问题，因此高校在设计指标体系时要注意教育这个大方向。具体而言，就是要体现办学的社会主义方向，体现教育事业发展的方向。比如，基础教育的根本任务是提高民族素质，努力使教育者在德、智、体、美、劳等方面得到全面发展，成为有理想、有道德、有文化、有纪律的社会主义事业建设者和接班人，这就是高校办学的性质和方向，也是高校培养人才的标准。所以，从哪个方面去评价、如何分配表示重视程度的权数均要有明确的导向，要克服片面性。重智育、轻德育，重考试分数、轻素质培养等倾向都与高校的教育性质、教育目标不相符。另外，在平时的教学中，对教师的评价也要克服主观评价的现象，坚持正确的方向，提高教学评价的科学性和合理性。

2.一致性原则

高校教学质量监控指标体系的一致性原则是指目标与指标的一致，这就要求这一指标体系应既是具体的、行为化的，又可以反映事物的本质。以德育评价为例，其指标体系应该与中华人民共和国国家教育委员会颁发的德育大纲一致。德育大纲中明确规定，德育目标包括思想政治品质、道德品质、个性心理品质、能力四个方面，因此高校在确立德育评价的指标体系时必须以此为依据，对德育内容所规定的四个方面给予具体化。比如，对学生的思想政治品质方面的评价可具体为政治理论知识、政治态度、理想志向等，而对道德品质方面的评价可具体为遵纪守法、集体精神、公益活动表现、尊重关心他人的态度、艰苦俭朴作风等方面，还可以根据学生的具体行为来确定。总之，评价指标的确立一定要与评价目标相一致，不能与评价目标相违背。

3.系统性原则

系统性原则指的是评价指标体系应具有一定的整体性、联系性和层次性，这三个方面缺一不可。

（1）整体性

整体性指的是对评价对象的考核要全面，要从整体上来考核，考核的内容要全面，既要有结果也要有过程，既要有客观因素也要有主观因素等，在实际评价过程中可视具体情况而定。但需要注意的是，不能以个别指标代替某一系列指标，这必然会产生评价结果的偏差。教育是一个系统工程，它的效果是综合多种因素形成的，如果过分地强调了某一因素就会导致系统的失衡，不利于教学系统的顺利运行。

（2）联系性

联系性是指当评价对象处于更大的系统中时，要注意评价系统中纵向及横向的联系。比如，对高校的评价应该注意到它的学生来源，所处的社会、地理环境等，这些都要在评价体系中有所体现，这样才能保证评价系统的合理性与有效性。

（3）层次性

层次性是指就评价对象的不同类型制定不同的指标体系和评价标准。例如，重点高校与普通高校，经济发达地区与贫困山区等，在制定指标体系和评价标准时有不同的层次，因此在构建教学质量指标体系的过程中要高度重视指标的层次性。

4.独立性原则

独立性原则是指各项指标之间互不相容，每个指标都独立地提供信息，不能有重叠的关系。原因主要有两点：其一，指标若不独立，则会发生重叠，这说明其中有些指标是冗余的。冗余的指标显然对整个指标体系没有意义，而且会增加评价工作的工作量，会降低评价的可行性。其二，指标若不独立，在指标体系中，重叠的指标会重复被用来评分，实际上会加大它的权重。在权重集合中，这种偏差的出现显然会影响整个评价工作的科学性和精确性。由此可见，独立性原则是设计指标体系时必须遵循的。

5.可测性原则

可测性原则即是指将教育目标转化为科学研究中的构架，通过操作化的语言对其进行界定，使其内容可通过实际观测直接测量，从而获得明确的结论。简而言之，这一原则旨在将抽象的目标具体化，使其具备直接的可测性。例如，在评价学生的思想品德时，我们都知道，一定社会的政治思想与道德规范经由德育工作者的教育引导或学生自我修养的提升，得以内化为学生个体的意识形态。这种内隐的思想品德是抽象的，其质和量无法直接感知与度量，其量变与质变进程也是看不见、摸不着的。然而，当这种思想品德在特定的情况下以某种行为表现出来时，就会转化为可以直接观察的东西，从而具有可测性。例如，理想教育是高校德育的核心，对理想教育效果的评价是高校教学质量评价中很重要的一个方面。理想本来就属于人类深层的内心世界，是一种深层的心理现象，无法直接测量。但我们可以通过外显的行为去间接推断其内隐的实质。由于社会理想结构包含政治方向、人生观和个性心理品质三个方面，而学生的个人理想主要通过日常学习活动表现出来，因此高校可以从政治思想倾向、人生价值观念、个性心理品质以及学习活动表现四个方面来测评学生的社会理想。当然，还需要对这些方面进一步具体化。例如，人生价值观念可以通过集体奉献精神、公益活动表现、关心他人态度、艰苦朴素作风、成才报国愿望等方面进行具体测评。

6.可接受性原则

可接受性原则要求高校在设计指标体系时应从实际出发，要按照具体的指标进行评价。一般情况下，需要注意以下几个方面：

（1）指标既要体现原则，又要切合实际。比如，学生的思想成长是有过程的，因此不能以德育目标的达成度作为评价的指标，而应该根据学生思想发展的过程，从实际出发，定出不同阶段的指标，并且标准不宜定得太高。这种从实际出发提出的指标才是可接受的。

（2）指标应有鉴别力，大家都很容易做到或者都很难做到的指标是无法区分先进与落后、好与差的。所以，高校在设计指标时应该考虑指标的鉴别力。

（3）设计指标时要考虑有足够的信息可利用。假若没有一定的信息源，得不到关于指标的足够资料，人们就无法进行评价，这种指标就不具备可行性。

（4）设计的指标要考虑人力、物力、财力以及时间等条件。如果有的指标在进行评价时需要动用大量的人力和物力，而在实践中又很难得到保证，这时就要寻求替代指标或者另作考虑。当然，对于具体问题还须具体分析。

（5）指标的量化方法不宜过于复杂。有的高校过分追求量化，这势必会适得其反，一是人们不一定掌握复杂的量化方法，二是复杂的量化方法不容易做到，要动用大量人力，耗费一定的时间。因此，高校在使用量化方法时要量力而行，使其具有可接受性。

以上几条原则是经过大量的实践证明的、可以遵循的规律，是对指标体系设计者提出的具体要求。只要高校严格遵循以上原则设计指标体系，就有可能提高指标体系的质量，进而提高整个教学质量评价工作的质量。

（二）指标体系设计的方法

1.目标分解法

根据设计指标体系的一致性原则，指标必须要与目标保持一致。因此，高校可以通过分解目标的形式，把目标分解为若干个主指标。教育现象的复杂性、多面性决定了教育评价是一个多维的系统工程，因此，科学的评价指标体系应当是纵横结合、动静结合的立体模式。对于一些比较复杂的教育活动，对目标的一次分解可能并不能达到可测性的要求，因此还可以把每一个主指标再分解为若干个可测的亚指标，必要时还可以再将亚指标分解为次亚指标，即将目标不断加以分解，以形成一个完整的、可行的评价指标系统。

例如，对于教师授课质量这一目标，可以将其分解为教学内容、教学方法、教学态度、教学效果四个主指标，而每一个主指标又可以分解若干个亚指标（表 5-1）。

表 5-1 教师授课质量目标体系

目标	主指标	亚指标
教师授课质量	教学内容	完成教育大纲 合理地处理教学中的深度问题 解决学生学习负担 理论联系实际
	教学方法	思路清晰、概念准确、重点突出 注意启发、培养能力 语言精练、形象生动 因材施教
	教学态度	备课充分、讲解熟练；辅导耐心；教书育人
	教学效果	平时考核与考试成绩结合 课堂纪律 作业完成情况 学生自己解决问题的能力

又如，对于办学成效这一目标，可以将其分解为学生学的质量、教师教的质量、管理质量以及办学特色四个主指标，而每一个主指标又可以再细分，如学生学的质量可以

分解为德、智、体等，教师教的质量可以分解为思想工作、课堂教学、课外活动等。

2.布鲁姆的"分类学"法

美国著名的教育家布鲁姆首先把教育目标分为认知领域、情感领域和动作技能领域，并具体提出了认知领域的分类。后来他又与其他人相继提出了情感领域以及动作技能领域的具体分类。布鲁姆等人的"分类学"目前已被各国教育评价者和教育测量学者普遍接受，它开拓了人们对教育目标分类方法的认识和研究，许多著名学者还参考布鲁姆等人的分类方法，结合各具体教育领域和各学科的具体实际对教育目标进行探讨。

实际上，在布鲁姆对教育目标的分类中，认知领域相当于我国的智育，情感领域相当于我国的德育和美育，动作技能领域相当于我国的体育和劳育。因此，高校在设计评价德、智、体、美、劳诸方向的指标体系时，也可以运用布鲁姆等人的分类方法。比如，对于学科学习情况的评价则可按照识记、理解、应用、分析、综合、评价六个方面测验和评价学生。

3.问卷调查法

问卷调查法是设计者将需要设计的指标以问卷的形式编成表格，发送给有关人员填写的一种获取信息的方法，即要求答卷者从中选出或对指标进行排序、补充等。

4.多元统计法

多元统计法是通过因素分析、主成分分析等方法，从较多的初选指标中，找出关键性的指标或确定某评价项目的基本结构，这是一种结论性的定量设计方法。其主要优点是逻辑性、科学性强，能压缩和简化指标，减少实际评价时的工作量，排除指标间的相容性，从而建立定性与定量相结合的评价指标体系。但是，这种方法必须通过处理大量的数据和信息才能得到结果，所以必须采用电子计算机和统计软件包，需要一定的技术力量和技术条件，不过花费的人力、物力并不高。

由于多元统计法的基本概念、原理和计算比较复杂，故在此省略。在这里主要介绍因素分析的一个应用实例。

因素分析是多元统计的方法之一，它的主要作用是将较多数量的因素压缩分类，把相关性较高且联系比较密切的因素分在同一类中，而不同类的因素之间的相关性较低，每一类的因素实际上就是一个指标或一个基本结构。其主要工作程序如下：

（1）根据搜集的数据资料求出各因素间的相关矩阵。

（2）从相关矩阵中抽取适当数目的共同因素。

（3）做因素轴的旋转。

（4）对因子（即指标）进行辨认和命名。

三、指标评价标准的确立

指标评价的标准也是教育评价的标准，它是对评价对象的数量和质量进行测评的准则。

一般情况下，指标评价标准的形式主要有以下三种：

第一种是指临界点，如及格的标准是 60 分。

第二种是指一种规定，这种规定既可以是定性的准则，也可以是定量的数值。例如，高校设备条件好的标准是能很好地满足教学的需要，学生自我要求发展水平优的标准是处处用高标准严格要求自己。

第三种是指在实际应用中，往往会根据需要把定性标准与定量标准有机地结合起来。例如，高校设备条件这一指标就可以把前面的定性标准和定量标准结合在一起。

教育者在制定评价标准时，必须要结合相关的教育理论，以教育性质和教育目标为依据，并根据综合评价的具体目的和评价对象的状态等因素制定出合理的标准，这样才能取得理想的评价效果。

（一）指标评价标准制定的原则

制定教学质量指标评价标准时需要遵循以下几个基本原则：

1.方向性原则

方向性原则是指评价标准应对高校的教育活动起导向作用，如办学的性质、培养人才的质量规格等，都应在评价标准中体现出明确的方向性，以使评价工作达到预期的目的。

2.时效性原则

时效性原则是指评价标准应该有时代精神，应该符合新时期对教育提出的要求。例如，过去把听话作为好学生的重要标准，而在全面发展素质教育的今天，则非常重视学生的个性发展与创造力。

3.客观性原则

客观性原则是指评价标准在不同的情境中使用，或者由不同的评价者使用时，所得到的评价结果具有高度的一致性。也就是说，评价标准要能够反映评价对象的客观本质。

4.可行性原则

可行性原则指的是评价标准既要体现原则又要切合实际，既要符合统一要求又要符合评价对象的状态。假若按照同一标准和要求去评价不同层次的对象，即使评价结果再客观，人们也是难以接受的，这样的评价标准是不具备可行性的。所以，应该根据不同层次、类别的评价对象制定相应的评价标准。比如，在教育评价标准方面，对不同年龄、不同年级的学生就应该有所不同，应该分阶段、由浅入深地提出不同的要求。

5.激励性原则

激励性原则指的是评价标准应该对评价对象起到激励的作用，使评价对象有更加明确的奋斗目标，激发评价对象的干劲，增强评价对象的责任感，但必须防止对评价对象进行评价后，出现泄气、怨气，积极分子受孤立等消极现象。

（二）制定指标评价标准的步骤

在制定教育评价标准时，可以按照以下四个步骤进行：

（1）成立评价标准编制小组。该小组的主要成员由执行评价标准的人员、有关的领导和被评价的对象代表组成。

（2）制定评价标准草案。制定这一草案时首先要做好必要的文献调研、现场调研等，以确保标准草案拟定的正确性。

（3）对草案预试并征求群众意见。预试的单位应选择有代表性的，征求意见时可采用开座谈会、个别访问以及问卷调查等方法。

（4）修订评价标准草案。在修订评价标准草案时还要听取群众的意见，这一工作应该在认真分析预试结果以及群众意见的基础上进行，这样才能更好地根据实际情况修订草案，使之更加合理。

第六章 教学质量检测反馈系统建设

第一节 教学质量检测反馈系统的重要性

为保证高校教学的质量，建立一个教学质量检测反馈系统是非常重要的。系统控制论认为"及时取得反馈信息是系统优化的重要条件"。反馈是控制论中一个非常重要的概念，是指在控制系统中把信息输出去，又把信息作用的结果返回来，反馈可以影响信息的再输出，从而可以不断地纠正偏向与失误，起到调整控制的作用，达到优化系统结果的目的。

在高校的教学活动中，教师和学生是重要的主体。其中，学生是教学活动的核心，教师与学生之间的信息互动是非常重要的，这种信息交流进行的情况，要靠反馈来表现。反馈是调节课堂教学活动的重要机制，因为只有通过反馈回来的信息，教师才能对以后的教学活动进行调节和控制，从而保障教学活动的顺利进行。如果在教学过程中，教师非常重视教学反馈信息的收集，并分析反馈意见，不断地进行教学改革，一定能获得良好的教学效果。由此可见，建立一个科学有效的教学质量检测反馈系统对于提高教学质量具有重要的意义和作用。

第二节 教学质量检测反馈系统的构成

教学质量检测信息是指在教育教学实践中反映教学质量的各种数据、报表和凭据。建立灵敏的教学质量检测反馈系统，可以使高校及时收集和分析教育教学实践中的各种信息，为高校决策者提供依据。

在高校教学中，应以日常教学检查与专项评估为契机，以教学督导、学生教学信息员及用人单位为依托，加大反馈和调控力度，不断改进教学工作，促进高校教育教学质量的提高。

教学质量检测反馈系统的构成要素有以下几个方面：

一、常规教学检查反馈调控

常规教学检查反馈调控是这一系统的重要构成要素，其主要作用是及时查找和纠正高校教学工作中存在的各种问题，并对这些问题展开详细的研究与分析，推动教学工作的持续改进，为教学质量的提高提供必要的保障。

二、专项评估反馈调控

专项评估反馈调控是这一系统的重要构成要素。在新的教育背景下，高校要坚持"以评促改、以评促建、以评促管、评建结合、重在建设"的方针，充分发挥各类专项评估的导向作用，进一步加大督促整改的力度，切实规范教学管理，不断提高高校教学的质量，推动高校教育的不断发展。

三、学生教学信息反馈调控

学生是高校教学活动的重要主体，因此学生教学信息反馈也是至关重要的。以学生教学信息中心为载体，及时收集、整理学生的意见和建议，坚持执行学生教学信息员制度，并反馈至个人，从而促进高校教学改革的深化与教学质量的提高。

四、教师课程教学质量评价反馈调控

教师在教学活动中起着重要的指导作用，在教学中扮演着非常重要的角色。通过科学设计评价方案，进一步加强对教师课程教学质量评价结果的应用，充分发挥其正面引导作用，促进教师改进教学方法和手段，提高教学水平。

五、人才培养质量反馈调控

人才培养质量反馈调控也是这一系统的重要构成部分。人才培养质量反馈调控的主要作用是了解用人单位对毕业生的看法以及社会对高校人才培养的意见和建议，及时调整人才培养方案，使高校各专业人才培养方案与社会需求保持动态的适应性。

第三节 教学质量检测反馈系统的运行

一、教学质量检测反馈系统运行的途径

随着高校教育的不断发展，教学质量检测系统也越来越完善。在这样的情况下，教学信息的反馈途径也呈现出多样化的趋势，其中有课堂教学过程中的信息反馈、作业反馈、考试成绩反馈、督导专家和同行教学建议反馈、学生评教反馈、实习单位反馈等。教师应对反馈信息进行收集、分析，吸收反馈信息的有效成分，从而为教学质量的提高提供必要的参考依据。

（一）课堂教学过程中的信息反馈

一般来说，课堂教学反馈信息一般有言语反馈和非言语反馈两种方式，这两种方式在课堂教学中都比较常用。在具体的教学过程中，教师要善于捕捉学生的反馈信息，从而调节课堂知识传授的节奏，以实现课堂教学的实效性。在教学过程中，课堂提问是获取教学反馈信息最直接的方式，具有极其重要的作用。它可以激活学生的思维，并对学生起到思维导向的作用，帮助学生找到思维的方向。同时，提问是教师捕捉反馈信息的有利时机，通过课堂提问，可以形成师生之间的信息交流与情感交流，从中可以得知教师输送的信息是否符合学生的认知水平，是否需要调整教案。在教学活动中，教师要善于观察整个课堂的气氛，观察学生的表情、体态与动作，观察学生的学习过程、学习方式与习惯，倾听学生的表达，及时捕捉动态信息。在课程结束后，教师要通过辅导和交谈的形式得到学生消化知识后的反馈信息，从而为今后的教学设计提供重要的参考。

（二）督导专家和同行教学建议反馈

一般来说，课堂教学评课有同事之间互动学习、共同研讨评课和督导专家鉴定或评课等。通过这些反馈活动能得到一些有效的教学信息，为教学质量检测反馈系统的建设提供重要的依据。

（三）学生评教反馈

学生评教是指学生根据教师的教学经验、教学能力、专业水平、教学态度、教学效果以及教师与学生的关系等指标进行评价的一种活动。

学生评教也是教学质量检测反馈系统中重要的一部分。从总体上来看，学生评教的结果能较好地反映教师教学及各方面的情况，还可以使教师获得大量的反馈信息，及时了解自己在教学中的优势和不足，从而优化教学手段与方法，采取符合现代教学要求的模式进行教学，有利于提高教学质量。

二、学生学业预警机制

对于教学质量专项评价或评估的结果，由教务处以文件形式反馈给评价对象及有关领导和部门。评价结果是评优、评先、奖励、晋级的重要依据。

通过学业预警，高校可以及时了解学生的学习情况，并做出及时的预警提示，采取有针对性的措施促进学生的发展。

（一）学生学业预警机制构思

建立高校学生学业预警机制并不是一件容易的事情，它的成功建立与有效实施需要高校各个部门共同努力，同时需要学生与家庭的相互协作。因此，高校必须建立一套完善的工作体系，其中包括高校领导、辅导员与任课教师，由高校领导负责对整个工作体系进行协调管理与监督，同时，任课教师与辅导员共同监督和管理学生的学业情况，以达到对学生的学业情况随时监测、分析的目的。

对于高校而言，要想建立一个科学有效的学生学业预警机制，首先就要充分了解与分析学生的具体情况，与各方面配合，并及时调整与完善教学质量检测反馈系统。

1.建立动态管理的预警模式

在具体的操作过程中，高校可以定期或不定期地统计学生的学习情况，对收到学业预警的学生进行分类，采取有针对性的措施。

2.构建学业预警信息系统

对于那些收到学业预警的学生而言，不但要向其本人做出学业情况的相关警告，还要形成书面形式的学业预警通知书，并通过通信手段将学生的学业预警通知告知给家长。这样可以使得高校与家庭两方面都能及时地了解到学生当前的学业状况，从而采取各种手段与措施共同促进学生的发展和进步。

高校所构建的社会、学校、家庭、学生关系图如图6-1所示。

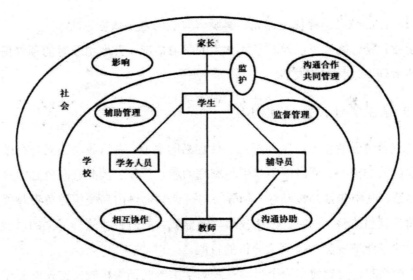

图 6-1 高校所构建的社会、学校、家庭、学生之间的关系

（二）学生学业预警的效果

（1）通过学业预警机制，能很好地监控学生的学习情况，提高学生的自主学习意识和能力，端正学习态度，深化学生对学业的认识，从而引导学生获得良性发展。

（2）通过学业预警机制，能帮助学生正确认识和处理学业危机，确保学生在规定阶段内顺利完成学业，从而为将来走向社会、适应社会奠定基础。

（3）加强学业预警可以促进高校学业管理由"事后处理型"向"事前事中预防型"转变。

（三）制定学业预警制度的措施

根据以上设计思路，高校可以制定出有效的学生学业预警制度，从而对学生在学业上可能出现的各方面问题采取及时的措施。

1.制定流程

在具体的操作过程中，高校教务部门应随时监督学生学业的发展状况，将学生的学业状况随时发送给直接管理学生校园学习生活的辅导员。辅导员要及时与家长、任课教师等人员进行协商，分析学生的问题以及造成问题的原因，再根据不同学生的不同原因，从实际角度出发，制定科学高效的应对策略，对学生进行学业帮扶。同时，高校教务部门还应记录相关数据，以便相关部门进行管理。

总体来看，学生学业预警机制的具体流程如图 6-2 所示。

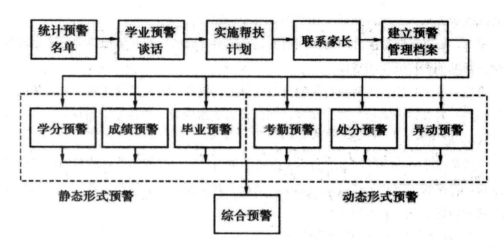

图 6-2 学生学业预警机制的流程

2.制定步骤

可以通过以下步骤制定学生学业预警机制：

（1）统计预警名单

在高校教育中，每学期期末考试结束后，辅导员应与任课教师进行沟通，根据学生本学期的学习成绩做出相关分析。开学补考后，再对学生成绩及学分的取得情况进行分析，然后形成学生学业预警通知名单。

（2）学业预警谈话

根据学生学业预警通知名单，辅导员或任课教师应当与学生进行交流。通过交流，辅导员与任课教师可以及时发现学生出现学业问题的原因。对于预警级别较低的学生，指出普遍存在的问题并提出要求即可；对于受到严重学业预警（如红色预警）的学生，辅导员与任课教师要与其进行个别谈话，指出其在学习上存在的问题以及可能会造成的后果，并仔细询问导致其出现学业问题的原因，并做出进一步的分析，然后采取有针对性的措施和手段加以解决。

（3）实施帮扶计划

通过平时的观察与分析，辅导员与任课教师应基本掌握学生的学习情况，也应了解导致学生出现学业问题的原因。在这样的前提条件下，可以根据不同学生的不同情况制定以下帮扶措施：

第一，对于那些仅仅在学习方法上有困难的学生，可通过任课教师加强辅导答疑、作业批改等方式，及时解决学生在学习过程中的困难。

第二，可以采取生生之间的帮扶措施，安排学习成绩好的同学辅导学习能力较差的同学，帮助他们提高学习成绩。

第三，对于心理有障碍或有其他问题的学生，辅导员与任课教师应及时与其进行交流与沟通，对其进行必要的心理疏导，帮助他们克服困难，实现学习目标。

（4）联系家长

一般情况下，高校可以通过通信手段将学生的学业预警通知单以适当的形式交给学生家长，使家长了解孩子在校期间的学习情况，共同商定应对策略，教师与家长相互配合，共同做好学生学业改善工作。

（5）建立学生学业预警管理档案

高校可以建立学生学业预警管理档案，并且随时对档案进行实时更新。高校可由此全面、系统地了解学生，随时跟踪了解学生在校期间的学业情况，实时跟踪、实时关注，及时发现问题、提出问题并解决问题，从而为学生学业水平的提高提供重要的帮助。

第七章 教育教学质量提升综合策略

第一节 坚持创新理念

创新是指改变旧制度，对旧的生产关系、上层建筑做出局部或者根本性的调整和变动。因此，创新就是改进不好的、错误的、不合理的。创新需要清晰的价值和目标，它关系到创新的方向。高校教育教学管理理念是对高校教育教学管理的使命、作用等基本问题的认识和看法，是对高校教育教学管理实践的总结和概括，具体包括管理理念、学习理念、教育教学理念、办学理念等方面。

一、统筹理念

我国高校教育作为公共服务的一部分，其物质载体是高校，高校的公益属性不会改变。党委领导下的校长负责制作为我国高校的领导制度，是一种"党政结合"的领导方式。党委领导作为高校政治权力的集中体现，其管理具有全局性的特征，党委在高校内部治理过程中提出综合意见、进行宏观决策的作用不可或缺。

统筹作为一个由数学衍生出的系统科学概念，主要强调的是针对一个事物发展或行为执行过程中涵盖的引导、服务和扶持等。政府统筹就是指站在事物全局的角度进行统筹思考、工作谋划、整合协调等，总的来说就是服务全局。政府统筹应做到不顾此失彼，不因小失大，兼顾和协调各方利益，使整体协调、布局合理、利益得当、人文和谐、思想协同、工作得力。那么，政府对高校教育的统筹也可以围绕这一概念展开，即政府统筹引导、统筹服务和统筹扶持，对高校教育发展的速度、规模、质量、结构进行宏观管理，促进管、办、评分离，形成政事分开、权责明确、统筹协调、规范有序的管理体制；

对高校布局、学科专业设置、学位授予点和继续教育进行规划；统筹研究生教育、本科教育、高等职业教育和高等继续教育，构建层次分明、类型多样、特色鲜明、充满活力的高校教育体系。

推动高校教育内涵式发展是高校教育发展新的指导方针，是"办好人民满意的教育"的坚实基础，是"全面实施素质教育，深化教育领域综合创新，着力提高教育质量，培养学生创新精神"的最好保障，是立德树人、培养德智体美劳全面发展的社会主义建设者和接班人的关键举措。所谓内涵式发展，就是以新发展理念为统领，摒弃高校传统追求规模、数量的粗放式发展模式，着眼于效益与质量的创新型发展道路。效益、质量与创新三位一体，其核心是实施内涵式发展，重点是学科建设和制度建设，其动力源于深化创新，其保障是和谐校园建设。

第一，在统筹引导方面，建立高校学科分类建设体系，实行学术发展分类管理；创新高校人才培养模式，提高高校人才培养质量；加大对高校学术的监督和审查；统筹推进各级各类高等教育协调发展；统筹城乡、不同区域间教育的协调发展。

第二，在统筹服务方面，深化高校教育综合改革，推动教育事业科学发展，以"三个满意"为出发点和落脚点，在关心国家命运、服务国家战略上有所作为，让党和国家满意；在勇担社会责任、满足社会对高校教育的要求方面有所进步，让广大人民群众满意；在坚持以人为本，维护好高校广大师生、员工根本利益方面有所建树，让广大师生、员工满意。引进国际创新教育资源，提高中外合作办学水平。

第三，在统筹扶持方面。落实、扩大高校办学的自主权，完善中国特色现代大学制度，完善教育惩治和预防腐败体系；构建以政府财政支持为核心，辅以社会捐助，适度探索高校教育市场化运作的综合机制；确立地方政府所属高校教育职责评价体系；建立政府监督高校机构职责运行的机制。

管理体制和运行机制的重大变革涉及法律制度、组织架构、权责划分、运行规则和利益调整等诸多方面，内涵十分丰富，这都需要政府来统筹部署和实施。此外，政府还需要统筹协调政治体制创新和市场经济体制创新，使我国高校深化教育管理创新，探索政校分开、管办分离的实现形式。

二、参与理念

我国高校教育从中华人民共和国成立初期的精英教育走向大众教育，是随着我国政治、经济、文化和社会环境的变化而不断发展的，是我国政治体制创新不断深入的体现，是社会主义市场经济深入人心的要求，是社会文明开放的需求，是文化传承的动力源泉。

社会参与高校教育教学管理创新的必要性主要有以下几方面：首先，从高校的系统性和开放性来看，高校作为一个系统，要想生存和发展，不可能封闭自我。高校需要汲取自身生存与发展所需要的物质资源、人力资源和财务资源，不能忽视与社会普遍联系的客观事实。高校应增强开放性，融入现实社会，建立社会参与高校管理的机制。

其次，经济和社会生活方式的重大变革使高校教育的普及程度不断提高，继续教育、职业教育等教育理念不断深入人心，极大地激发了社会参与高校教育的积极性。除此之外，在激烈的市场竞争环境下，企业以极大的热情加强与高校的合作，参与到高校教育的具体实践中，寻求满足自身需要的人才。

最后，高校自主化办学所需的经费以及后勤社会化等创新已需要得到社会的支持和帮助。总之，高校接纳社会各方参与自身管理是必要且可行的。

社会参与高校管理的内容主要包括：一是社会参与高校决策。高校管理创新需要吸纳更多的智慧和力量，确保高校的决策体制、运行方式、机构设置等内部事宜得到民主、科学的监督。二是市场权力对高校权力的影响和制约使社会参与高校管理的具体事务越来越深入。三是高校的社会服务功能使社会参与高校教学与科研等成为可能。高校与企业的合作正是社会参与的表现。我国的高校教育创新是系统工程，能否在市场经济大潮中接受社会检验是其成败的关键。我国高校要认清现实的要求，提高社会服务功能，树立社会服务意识，把社会参与作为自身管理创新的重要内容，实现科技成果转化，提高社会知名度和权威性。高校教育的需求多样性、高校教育走向社会以及高校教育经费来源渠道的多元化都要求社会参与，这不仅是高校教育发展的趋势，还是完善高校教育内部管理制度的重要保证。

三、公共利益理念

公共利益是指公众的、与公众有关的或为公众需要的利益。根据《公共政策词典》的界定，公共利益是指国家和社会占绝对地位的集体利益，而不是某个狭隘或专门行业的利益。《中华人民共和国教育法》第八条规定，"教育活动必须符合国家和社会公共利益"。公共利益产生于人与人之间的社会联系，是公民个人利益最终的价值取向，代表着长远的、共同的、整体的利益。高校教育的利益主体可以分为国家利益、团体利益和个人利益。国家利益是指国家从高校教育的发展中获得的人才培养、科技技能输出的政治利益。团体利益是指高校的各种权利主体在博弈过程中获得的权利利益。个人利益是指参与高校教育过程和活动的个体所获得的参与权、保障权和结果权等权利利益。这三种利益只是基本利益和直接利益，协调利益冲突和分歧，寻求整体利益最大化，就是公共利益的价值所在。

公共利益正当性的基础是以一定社会群体的存在和发展为前提的，公民的受教育权是公民的基本权利之一。因此，保障公民的受教育权利是公共利益取向的共性特征。高校教育的社会服务职能是公共利益至上理念的具体体现，这需要由国家法律作为保障。高校教育作为公众受教育权的组成部分，已经从精英教育转变为大众教育，受教育群体的数量及其文化程度已经具有社会普及性和公民自主性，因此高校教育创新的公共利益取向能够满足国家利益和个人利益的诉求。高校教育不因受教育群体的年龄、性别、民族、家庭出身等因素而影响到知识的获取和传播。高校教育需要在生产知识、培养人才的过程中增效，实现教育产业化，进一步改善教学环境，加大教育奖学金的投入和贫困生补贴力度，从而促使高校教育事业更加公平。

高校教育教学管理创新涉及社会公共资源和经费的使用和调配，影响到社会成员的共同利益，创新的成果需要全社会共享。高校教育创新具有公益性、社会性和整体性，既包括国家层面的经济利益、政治利益、文化利益，也包括个人层面的物质利益和精神利益。追求公共利益是高校教育教学管理创新的核心价值理念，是中国特色社会主义高校创新的前提和出发点，是调和权利主体、追求共同目标的指导原则。

四、质量至上理念

高校教育创新理念是与时俱进的时代产物，其中，质量至上理念源于第一届世界高等教育大会中的两份重要文件。联合国教育、科学及文化组织认为高校教育质量是多层面的概念。该概念涵盖了两方面内容，一方面是"层次"的问题，指的是高校教育质量是多层次的质量的统一体；另一方面是"方面"的问题，指的是高校教育质量是多方面的质量的综合体。

高校根据其系统类型通常被划分为研究型高校、教学研究型高校、教学型高校和高职高专院校。每个层次的高校所追求的质量标准、人才培养方式以及学习理念都是有差别的，这种差别是基于学科、专业、学术自身特点而形成的。随着高校社会资源的有限性分配和政府资源集中性支配模式的转变，我国高校的层次出现了雷同化和趋同化的特征，高校教育质量的层次差异被高校自身的建设和发展消除。但社会发展过程中的社会分工和资源专属性越来越明显，高校教育质量层次化不明显导致高校就业环境恶化。推动高校教育质量层次化发展的途径除了政府统筹，最重要的是高校自身的准确定位。高校教育创新中的按教育规律办学就是对高校文化传承和高校自主办学的认可。高校教育的多方面质量既包括学生质量、师资水平，还包括图书馆的利用率、学术讲座的质量水平、学校后勤质量服务状况以及学术研究的自由民主氛围等。

实现高校教育多方面质量的提升需要高校树立质量至上的理念，从教学目的、师生角色、教学内容、教学模式、教学方法、考试方法、教学观等方面进行改进。例如，提升学生的社会责任层次，注重决策观念和技能的培养；以学生为本，重视学生对知识的接受和应用；发挥学生的主体地位，引导学生主动探索努力方向；注重教学内容的基础性，提高教学内容的深度和广度；发展学生个性，激发学生的发散性思维和创造性思维；鼓励学生合理竞争，活化教学方法，注重社会实践；关注科学前沿知识，拓宽学生眼界，提高学生驾驭知识的能力。

第二节 把握职能定位

高校是实施高等教育的社会组织，主要功能是做学问、传授知识和服务社会。结合我国悠久的历史文化传统，我国高校的基本职能可以归纳为"人才培养、科学研究、社会服务、文化传承创新"四项。

一、突出育人

推动高校教育内涵式发展，首先需要处理好人才培养与科学研究的关系。人才培养是高校教育的根本使命，在四大职能中居于核心地位，包括科学研究在内的一切工作都要服从和服务于学生的成长成才。人才培养，培养的是学生的素质，包括人格、知识、能力和体质。高校的核心功能是培养全面而自由发展的人才，塑造符合我国发展需要的合格的社会主义建设人才，这是我国高校现代化建设的社会使命和原则。实现育人核心功能的途径是知识传授，因此，可以将人才培养和育人归纳为教书育人。培养专门人才是高校教育的本质特征，应突出对学生创新能力的培养，融合科学素养和人文素养，造就全面发展的人才。

首先，建立以学生为服务之本的高校教育质量评价体系，把高校教育的重心放在学生身上，从关注学生成长和体验出发，将学生自主学习知识和全方位评价授课质量等确定为高校教育教学评估考核的重要内容。培养学生的开拓精神、竞争能力，使其具备复合型知识，满足市场经济发展的需要。

其次，高校教师有必要参与社会实践，丰富自身的社会经验，打破高校教育内部自我封闭的认识局限。高校教师的社会体验和实践一方面可以提高其解决实际问题的能力，丰富教学素材，将社会急需的技能传授给学生；另一方面可以使教师更加了解社会需求，注重培养学生的创新观念、终身学习观念。

最后，高校必须研究社会需要的各级、各类、各层次人才的素质结构和能力，为社会输出符合岗位需求的人才，以实现知识价值的社会转化效能，实现"科学技术是第一生产力"的理论与实践的对接。

二、注重科研

高校教育的职能是在社会发展需要的基础上形成的，是社会赋予高校的任务和职责，是高校与社会之间关系的集中体现。高校作为我国科技创新的生力军，是科研竞争的前沿阵地和国家展示综合实力的重要场所，高校进行科研输出是确保高校人才培养、社会服务和文化传承创新职能有效发挥的重要保证。

高校科研输出的关键在于高校科研管理人员的自身素质建设，高校科研管理人员的自身素质建设涵盖知识素质、管理素质、伦理素质和服务素质等，这都需要高校完善科研培养培训机制，激发科研人员的创新意识。在通过社会输出实现科技转化的过程中需要努力实现四个能动，即能动策划、能动组织、能动跟踪和能动管理。高校要强化科研课题设计和项目申报策划，强化科技成果转化和报奖的策划意识，强化科研部门跨学科组建创新团队，强化社会合作企业的技术成果转化，强化科技推广的跟踪机制，强化基础研究与应用研究的有效融合。高校需要牢固树立以高水平科学研究为支撑的观念，鼓励教师重点开展有利于提高教学质量、推动理论创新、服务经济社会发展的科学研究，并将研究成果及时转化为教学内容。同时，教师还要处理好科研与教学的关系，树立科研为教学服务、科研和教学为社会服务的意识，提高高校的科研实力，提升学校的知名度和在学术领域的名誉度。

三、坚持个性发展

在我国高校教育教学管理创新的社会环境形势下，高校管理需要开拓进取的创新精神。只有创新精神才能塑造和铸就内涵式发展的高校，培育出颇具个性的个体和团体。

从个体层面来讲，学生乃至学者，都需要保持个人的思想独立、学术自由、民主平等。个性既是个体的整体精神面貌，也是个体独有的心理特征，个性发展是个体独特性、创新性和主体性的实现过程。

首先，个体应树立远大理想，健全人格。在个体的短期目标、中长期目标和远大理想的树立和实现过程中，将个人价值、社会价值融于一体，通过高校文化载体和高校学术载体的输入和输出，经过个人的努力奋斗和高校平台的支撑，致力于服务国家和社会。

个体应培养集体荣誉感、团结合作精神、努力拼搏意识、热爱生活的态度、严谨求知的志向、无畏探索的倾向等个性心理特征，培养人文素养、社会责任、道德良知、兴趣爱好、体育活动等社会人格要素。

其次，个体应培养创新意识和创新能力。个性发展是创新精神的基础，创新精神的目的是以人为本，以人为本的核心是个性发展。通过对高校教育知识的接触、探索和考究，个体结合自身的兴趣和喜好，通过对知识和真理的探求，在学习和科研中激发创新意识，个体的事业心、责任感和使命感便可以在个性的培养过程中自然而然地形成。

除此之外，个体应拓宽眼界、开阔思路。个体借助高校知识平台和高校教育交流计划，把握世界前沿知识，了解人类发展困境，接受国内外先进思想的洗礼，总结归纳个体立志追求的方向，树立崇高理想。

最后，个体应激发活力、约束自我。个体在促进身心发展的同时，还应学会抵御不良诱惑，约束自我，全身心地投入学习和生活，争取实现个人价值和社会价值。

从学校层面来讲，高校需要打造自身的教育特色和人文底蕴，具体做法有以下几点：

一是丰富高校精神。挖掘高校的历史文化传统，吸收现代高校的办学理念和思想精华，传承高校精神，明晰高校使命。

二是树立高校独特观念。秉承高校校训，加强每届师生的校史教育，学习高校学术大师的人格魅力和开创精神，传承高校先辈的奉献精神和学术追求精神，强化本校的责任感、荣誉感。

三是健全高校文化制度。完善高校规章制度，推行制度创新，将高校精神和高校行为文化融入制度设计中，体现到师生行为中，用制度促进高校文化的自我渗透。

四是完善高校标识建设。充分利用高校的校旗、校歌、校徽等文化符号的视觉效果，制定高校标识使用规范，开发设计高校独特的文化产品，如信笺、邮票、台历、纪念品、纪念册、公文样本模板、校务公示样板、高校录取通知书、成绩单和奖励证书等。

五是创新高校文化载体。通过校庆、运动会、毕业典礼等仪式，弘扬和传播高校独特的文化。创建具有高校品牌的学术讲座和高校名家论坛，丰富高校文化内涵建设，通过高校文化载体如校园网、图书馆、教学楼、学生社团等，营造全面、丰富而又个性鲜明的校园文化氛围。

四、着眼服务行政

"服务行政"一词源于德国行政法学家厄斯特·福斯多夫。学者张成福认为,我国行政现代化的目标取向在于建立市场或亲市场的政府行政,使公共行政权力的载体过渡为为公众提供服务的实体。高校"服务行政"是指高校行政权力以高校全体师生、员工等高校利益相关者的真实需求为服务风向标,以为其提供创新服务为首要职能,不断完善服务保障制度和服务管理模式。

高校服务行政必须从"以权力和政治为中心"转变为"以高校章程为中心",从"管制行政"转变为"服务行政",遵循有限性、法治性、民主性和有效性原则,树立以人为本的理念,重视高校学术权力的诉求,增强服务意识;通过以沟通与协调为主的民主平等对话机制,致力于高校教育质量发展,推动高校学生的全面发展,紧密联系高校与其他社会组织的交流与合作;设计符合现实需要的行政服务管理制度,将高校自由发展权力归还给高校各权力主体,最终实现行政权力与学术权力的相互信任与有效融合。

高校服务行政必须协调学术权力与行政权力之间的关系。首先,二者的合理性需要兼顾。学术权力的独立行使是高校实现学术自由、民主管理、公平公正的基本保障;行政权力的有效行使是高校提升管理效率和稳定运行秩序的基本保障。二者只有实现动态平衡和互助共享,才能实现我国高校自主发展的目的。其次,二者的权力边界需要明确。根据高校章程,构建相互合作、相互制约的关系。此外,二者都是高校权力系统的内部构成要素,学术权力是高校权力的基础,行政权力必须为学术权力服务。最后,行政权力是"制度性权力",学术权力是"权威性权力",行政权力需要通过制度设计确保学术权力应有的地位和权威,以保证高校内部权力运转的畅通。

第三节 构建权力结构

我国高校拥有的权力主要包括以党委书记为首的校政党组织掌握的政治权力，以校长为首的行政组织掌握的行政权力，以高校学术委员会为代表的学术权力，以社会需求为导向的市场权力。对于整个高校教育教学管理的大系统来讲，其运行受到内部与外部两个环境的相互作用。外部环境包含诸多因素，如国家和政府的调控、人民和社会的需求等，但在这些因素之中，市场是核心和关键。经济体制创新是全面深化改革的重点，其核心问题在于处理好政府和市场的关系，既要让市场在资源配置中起决定性作用，又要使政府的作用得到更好的发挥。

一、市场权力

从历史发展过程来看，市场权力在我国高校的发展过程中处于遮蔽状态，市场权力对高校发展的影响力主要通过学生报考志愿、报考专业、大学生就业等途径体现出来。从历史发展趋势来看，市场权力在我国高校管理创新的过程中正逐渐发挥越来越大的作用，并呈现出持续走强的态势。改革开放以来，市场逐渐渗透到我国高校的发展中，经过40多年的发展壮大，市场力量已显著显现。例如，我国逐渐形成了以公办高校为主、公办高校和民办高校共同发展的办学体制，实行符合市场机制的学费制度、就业制度。我国高校的专业、课程设置重视市场需求，公办高校与民办高校的竞争也日益激烈。在市场经济的大潮中，经济意识、主权观念、竞争意识、自由精神、宽容态度、平等观念和共赢博弈等理念正在我国高校中不断涌现。市场权力的构成主体广泛且多元，是我国高校体系外的多因素综合作用的结果，既包括国家需要、社会需求、市场刺激，也受到国际化和全球化的影响。市场权力的参与权主要通过以下三个方面行使：

首先，市场权力要求高校教育服务贴近现实需求。我国高校毕业生数量在不断增加，毕业生就业压力大已成为不争的事实。学生就业情况严峻，高校的教育服务需要更加适应市场的需求和变化，重视培养学生参与市场经济活动的能力，摒弃以自我为中心的办学理念和因循守旧的教育观念，同时发挥政治权力在我国高校发展中的作用。

其次，市场权力要求打破教育资源的垄断。相关数据显示，我国高等教育领域的人才流失现象日益严重，教育资源的创新服务主要集中在"双一流"高校。因此，打破教育资源的集中垄断，推动全社会高校教育资源的广泛共享，增强我国高等教育的国际竞争力变得尤为关键。这要求我们充分发挥市场权力在推动我国高校发展中的作用。

最后，市场权力要求大学信息透明公开。信息公开能将知情权、参与权和监督权结合在一起。近年来，陆续有单位或团体发布我国大学排行榜，这种全面、丰富的"消费者导向"排行信息，需要展示高校的声誉、学生保持率、学术研究成果、专业排名等信息，这些高校教育质量信息的公开需要我国高校行使行政权力，发挥管理作用和调控作用。

二、政治权力

高校教育所倡导的机会公平和社会公正既符合当代社会的发展趋势，也体现了高校的政治性特点。我国高校构建合理制衡的权力结构，并非简单地剔除国家和政府对高校的控制权，而是为了让以党委为代表的政治权力能够找寻适合自身的权力领域，正确发挥高校"举办者"的作用。

首先，明确党对高校的领导地位。高校的政治权力是国家权力在高校中的具体展示，决定着高校发展的基本性质，决定着高校的人才培养目标以及高校人才培养标准等重大课题。《中华人民共和国高等教育法》明确规定："国家举办的高等学校实行中国共产党高等学校基层委员会领导下的校长负责制。"党委领导下的校长负责制是我国高校的管理特色，能确保高校培养出合格的社会主义人才，更好地贯彻党的教育方针。

其次，确保高校享有相对独立的办学自主权。高校政治权力实际是政府权力在高校的延伸和扩展。政府应转变全能政府的管理理念，向服务型政府转型，赋予高校办学自主权，同时坚守自身的权利和义务，确保政治权力不越界。

最后，创新高校政治权力观念。在公共管理理念盛行的当下，我国高校的政治权力主体也应顺应时代要求，树立宏观调控理念。高校党委将不再以统治者的身份来治理高校，而应以合作者的身份参与高校管理，从事无巨细的微观管理演变为关注所有权力主体的利益，鼓励教师、管理者、行政人员、学生、家长、社会用人单位、校友等共同参与高校治理。

三、行政权力

行政权力是高校提高运行效率和维持稳定秩序的必要保障。高校行政权力中管理权的划定，旨在为行政权力设置合理的边界，即通过以校长为首的行政管理人员的管理工作，提高高校履行职责的效率。高校的行政权力以校长为代表，主要体现在行政组织协调工作中，其管理目的、管理运行方式及结果反馈都要求以校长为代表的行政权力具备高校大局观，确保整个高校的有序运行，正确发挥高校"办学者"的作用。高校行政权力具有一元性特征，即一所大学只能有一个行政权力系统。高校办学规模的不断扩大和内部管理的日益复杂都给高校行政权力的发挥带来了挑战。

高校的行政权力的核心在于实现人才培养、科学研究、社会服务、文化传承创新四大职能，主要体现在以下两个方面：一方面，高校发挥管理者职能作用，主要通过培养合格人才、发挥人才智力优势、孵化研究型与实践型科技成果等方式发挥职能作用；另一方面，塑造高校内部自我管理的掌控者形象，主要通过协调组织机构运行、完善自我管理模式、优化内部资源配置、构建高校特色育人体系等方式实现过程流转。上述行政权力的管理职责活动，原则上必须以高校政治权力为依托，以学术权力为基础，以市场权力为标杆，从而推动高校的内涵式发展。高校行政权力的行使要排除对高校发展的不利因素，严格遵守高校管理章程所设定的管理权限，为学术权力的充分发挥创造良好的制度环境和人文环境，最终实现高校与政府、社会、市场的和谐共处。

四、学术权力

学术权力是高校的精神内核，是高校本质特征的外在表现，也是现代高校制度的核心。学术权力在招生、考试、毕业和科研等方面拥有不可动摇的地位。学术权力包括高校的课程设置权、教学自主权、教育评价权和文凭认定权，这就需要高校成立学术委员会、学位评定委员会和教学委员会等内部组织来实现学术权力的独立行使。

（一）学术委员会

学术委员会由科技处和研究生部负责人以及各学院和重点实验室具有正高级专业技术职称的代表组成，承担学术决策职责，包括学术水平评价、科研项目申报、科研项目评审、学术道德评审、学术规范教育、学术诚信教育、学术不端行为审查等。

（二）学位评定委员会

学位评定委员会以学科分布为主，由科技处和研究生部负责人以及各学院和重点实验室具有正高级专业技术职称的代表组成，承担学位评定职责，包括审议学位点申报、学位授予、学位撤销、指导教师审查等。

（三）教学委员会

教学委员会的职责包括：审议高校教学工作规划和重大教学创新方案，指导全校教学工作；审议学校专业建设、课程规划、教材编订、实验室及实践教学基地建设；审议教学奖项评定，推荐各类奖学金；审议高校教学管理规章制度；审议高校教育教学研究及项目课题申报；开展教学调研；等等。

第四节 健全机构设置

高校作为一个组织，其组织架构和制度安排必不可少。我国高校需要基于创新理念、职能定位以及对权力结构制衡的考量，在科学合理的决策体制之下，设置合理的机构，以满足创新的需要。正确的创新理念要求机构设置要多元化和民主化；精准的职能定位要求机构设置要简约化和扁平化，并建立科学合理的横向组织机构；制衡的权力结构要求机构设置要制度化、规范化和程序化；科学的决策体制要求机构设置要开放化、现代化。我国高校的机构主要包括决策机构、行政机构、学术机构和监督机构四大类，这些机构分别是高校政治权力、行政权力、学术权力和市场权力职能行使的载体，是权力运行有效的制度安排，是高校创新理念的现实选择和职能定位的理性判断。

一、决策机构

由于我国高校的政治权力与行政权力被统一为行政权力，因此政治权力和行政权力的制衡使得高校的决策机构和行政机构必须相互独立。决策联席委员会是高校专门的决策机构。通常，决策联席委员会的成员包括高校党委、教育机构代表、教师代表、学生代表、校友代表和社会知名人士代表等。决策联席委员会的成立和职能行使，是根据高校章程的详细规定进行的，其常设机构是高校党委办公室，下设三个处，即高校共青团、国有资产处和组织处。决策联席委员会不介入高校的具体管理，仅根据高校章程阻止行政权力的越界行为，对学术权力的违章行为进行问责，并调和二者权力的冲突。决策联席委员会融合了行政权力、学术权力、市场权力和政治权力的代表，进行高校内部自我控制与管理。

二、行政机构

高校行政执行的发起人是校长。校长办公会的参会人员包括校长、各行政处处长，主要针对高校内部事务进行行政决策。校长办公会召开的频率高，参与执行的人数多，执行的效率高，关注的对象细，其主旨是服务高校、服务师生、提供保障。校长办公会的常设机构是校长办公室，主要负责组织、安排和协调校长办公会的召开、高校日常事宜以及对外事项的发布。在高校章程的制度安排和政治权力的委托代理关系下，高校成立了以校长为首的行政执行机构，该机构下设人事处、财务处、医务处、总务处、就业处、保卫处、外联处等校级层面的行政服务保障机构。同时，在各学院设置院级层面的行政服务机构，学院办公室由辅导员、学院行政主任等行政人员组成。

三、学术机构

在高校章程的制度设计和保障下，高校成立了学术委员会、学位评定委员会和教学委员会三大学术自治机构，分别设有学术工作部、学生工作部和教学工作部，管理高校的图书馆、电教中心、实验室和出版社，其主要工作涵盖高校的招生、录取、选课、学术活动、学生活动、学习安排等。高校各学院也分别成立了学术工作部、学生工作部和教学工作部的下属机构，自主管理本学院师生的学习、学术、科研和对外交流活动。高校各学院院长是学术型人才和管理型人才的代表，是学术权力的代表，不依附于行政权力，自主实施管理，以宽松的学术氛围和灵活的组织形式来满足本学院学生对各种技能的需求。

四、监督机构

高校应在高校章程的制度设计和权力制衡体系下，成立校友会、校企联合会、工会、纪律检查委员会和审计监察处等监督机构。监督机构不受行政权力和学术权力的影响和制约，有向高校政治权力，即决策联席委员会提请重大事项审核和问责的权力。监督机构既要监督反馈行政执行机构的机构设置和职责行使，也要监督反馈学术自治机构的机构设置和职责行使，配合高校决策治理机构做好高校自主发展工作。

第五节 完善运行机制

高校是一个系统，由高校内部环境、高校领导人和高校外部环境三个部分组成。高校外部环境是实现善治的关键因素，而高校内部环境则是善治成效的体现。高校领导人在连接内部善治与外部参与反馈中扮演着桥梁的角色。校长的选拔机制同样受到外部环境和内部善治成效的影响。高校要想实现善治，就要完善运行机制。

一、优化机制设计

优化机制高效运行的顶层设计，就是要探索高校决策体制的范围、决策内容以及决策实施等活动，决策体制要服务高校的办学定位和高校精神，决策内容要针对高校办学自主权和办学风格等宏观层面，决策实施要配合管理制度和高校章程的具体规定，决策机制要结合高校内部权力运行机制来设立。其中，学校办学模式和办学水平是决策的核心与前提。

在行政化的高校管理模式中，高校的决策体系体现为政治权力与行政权力的统一，即在高校党委的领导下实行校长负责制。高校的创建、校长的任命、经费的来源等关键决策，均涉及政府的参与。同时，基于科层制的管理模式，高校内部决策系统主导高校发展，实行"校—院—系—室"四层管理，部门负责人实施长官负责制，与部门成员有明显的隶属关系。政府主导的高校决策体制使得高校内部运行依赖于政治权力的意志表达，高校内部的评价标准和依据也反映了政治权力的价值标准和权力依据。我国高校教育创新正是基于行政化的高校管理决策体制和现代大学制度，探索建立符合高校特点的管理制度和配套政策，逐步取消实际存在的行政级别和行政管理模式。为了解决党委领导下的校长负责制带来的政治权力和行政权力泛化的问题，规范权力运行，推行专家治学，鼓励决策参与，需要重构高校内部决策体制。

首先，完善高校党委领导下的校长负责制，深化决策联席委员会和校长负责制两个决策体制。高校党委和校长的民主集中制决策体制可以深化为决策联席委员会和校长负责制两个决策体制，以避免政治权力和行政权力的混淆。高校党委作为高校政治权力的核心，在高校中处于领导地位，其权力来源于国家。我国高校党委肩负重任，总揽全局，协调各方，统一领导，主要任务是把握正确的办学方向，确定高校办学目标，明确高校办学任务，体现出我国高校的四大职能，推动高校的内涵式发展。决策联席委员会以高校党委为主导，由高校内部各团体和部门的党员构成，其职责明确：遵守高校章程，把握高校发展方向，抓好重大事项，做好协调沟通。该委员会不设实体机构，仅将高校党委作为实体组织，负责会议的组织与召开、成员资格审核等具体工作，不参与、不干涉、不过问高校内部管理，只负责纠正行政权力越权行为、调和学术权力与行政权力之间的关系、行使政治权力问责权。校长作为高校的法定代表人，在高校章程的明确界定下，积极行使行政职权，全面负责高校的内部管理和组织建设。

其次，提升学术权力，体现高校精神。我国高校决策体制的重要课题是提升学术权力的地位，使其成为与行政权力制衡的权力。学术权力的主体是学者，按照高校章程，保护学者个体的学术权力，使学者成为自身学术工作的主导者和发起者，不依赖于行政指导，而是通过市场权力奠定学术权威。建立自我评价和选拔机制，实施扁平化、非集权、松散的自主管理模式，通过学术机构，如学术委员会、学位评定委员会和教学委员会等来主导和行使高校学术权力，实现学术自由。

最后，推动制度创新，树立高校章程的崇高地位。民主和法治是时代进步的标志，更是高校发展的基础，建立现代大学制度就是要保证高校的学术自由，营造兼容并包、和而不同的学术环境和氛围。高校章程是高校的最高法则标准和权力界定规范，是现代大学制度的重要载体，也是高校政治权力、行政权力和学术权力的纽带，涵盖信息公开制度、质询制度、人事罢免制度、问责制度、激励制度。实施校长负责制下的决策体制，需要遵守依法治校、民主管理的原则，这是社会主义政治文明在高校的集中体现，具体表现为：

第一，决策主体多元化。鼓励高校师生参与学校的建设，使决策更加科学化、规范化和专业化；扩大高校教师的权利，使教师拥有自主治学权和参与决策权等相关权利；提升学生在高校内部管理中的地位；适当削弱行政人员的权力；充分吸纳校外各界人士参与高校决策，实现高校管理民主化和治理的多元化。

第二，决策过程民主化。推行校务公开，既要公开决策过程，也要公开决策结果。根据高校章程和管理办法，对涉及师生员工切身利益、需要师生知晓的事项以及高校管理规章制度等，通过高校官网、校报、公示栏、微信公众号等媒介向师生公开。

第三，决策反馈沟通渠道畅通。建立决策事前意见征集、决策流程沟通、决策意见诉求归集、决策结果反馈改进等机制，保证信息沟通顺畅和回应解答及时。

二、营造外部环境

高校高效运行环境的构建主要着眼于两个关系的处理：一是高校与政府的关系，二是高校与社会的关系。

（一）弱化政府与高校的关系

首先，从高校的本质属性来看，政府与高校的监管与被监管的角色定位需要重新审视。高校是国家教育发展的重要组织，基于高校教育事业的公益属性，政府作为国家的管理机构，必须对高校进行监管。政府监管权与高校自主权是我国高校教育管理中的一对矛盾体，政府过多地监管势必会扼杀高校自主权，政府过分放权也将难以保证高校发展的正确走向。为了实现政府监管权与高校自主权之间的适度平衡和职责定位，需要弱化政府在高校发展过程中的直接监管权力，将其转换为契约形式的制衡监管。

现代政府理念主张有限政府、法治政府和服务型政府，我国高校按照《中共中央 国务院关于分类推进事业单位改革的指导意见》中的事业单位类别划分，承担高等教育等公益服务，划入公益二类。这就意味着高校的公益属性和市场属性需要被同等重视，要发挥市场配置资源在高校教育发展中的作用。在市场经济条件下，我国高校不可能脱离市场而存在，高校中的市场因素已经开始显现，如教授的薪酬水平已经远远超过政府对高校事业单位编制工资的限制。同时，高校也不能被市场掌控，不能完全走向市场，不能失去培养高素质人才的公益性目的。为了保证高校发展不脱离社会主义的方针政策，最终实现国家人才培养计划，政府对高校实行必要监管。必要监管即由政府直接管理转为间接管理，由微观管理转为宏观调控管理，由严格从属地位管理转为平等契约制衡管理。政府只有通过明确权利与义务内容来监督约束高校，才可以达到政府与高校的适度平衡。

从高校的发展历程来看，政府与高校的教育行政管理模式需要变革。以前，我国高校与行政机关的体制构成和运行模式基本相同，高校遵循政府行政管理的统一模式、统一标准和统一步调，自上而下地进行建设和发展，高校内部行政人员成为高校运行的核心，教学科研人员丧失了对高校的支配权，导致了高校主体混乱的情况。

为了确立高校学术权力的核心地位，实现高校行政权、学术权和民主管理权的相互制衡和监督，改变高校作为政府附属机构的历史地位，需要转变教育行政管理职能。政府不应行使行政权力干预高校的内部管理事务，而应充分尊重高校的独立主体地位。政府只需要在高校自主权的框架内，对教育目标、教育质量、人才培养、教育经费等方面进行详细规定。政府应允许高校自主制订教育计划、自主开展科学研究、自主确定内部机构设置。政府对高校的管理，主要体现在制定高校教育发展规划、实施宏观调控、提出指导建议等方面，不应干涉高校内部事务。有的学者认为，在市场经济环境下，国家对高校教育的干预和调控活动是市场调节机制的一个必要补充手段，其目的是完善高校教育的管理体制和运行机制，其性质属于政府在宏观层面对高校的第二次调节。

（二）密切高校与社会的关系

高校作为知识型组织，其职能在于通过教学传承知识，通过科研创新知识，通过社会服务应用知识。高校传承知识、创新知识、应用知识都是服务于学生和社会的，高校通过塑造学生人性、完善学生人格、培养学生技能，为社会发展提供智力支持。在政府作为高校产权代理者的身份属性前提下，高校应弱化与政府关系，通过更多元化的方式和策略加强与社会的互动与沟通，这成为高校发展的核心方向。

高校与社会的关系在不同的社会发展阶段有不同的表现，从农业时代到工业时代再到知识经济时代，高校与社会互动发展、渗透结合。高校的科技创新和人才优势能够推动产业化和信息化发展，这恰恰满足了社会自身需求，在社会区域经济发展、产业科技进步和谋求发展的基础上产生互动。这种互动涉及合作项目、教育基地、继续教育工程、工程研究中心、远程教育、科技园、绩效技术和管理理念等多个方面。高校教育不断适应社会发展的要求是二者互动的基础，合作共建联合机构是二者互动的保证。社会与高校的关系概括为：社会需要输送资源来满足高校内部发展，高校则秉持开放、自由、民主的精神，充当社会进步的精神导师。

但是，高校与社会的密切联系是建立在高校独立自主办学的前提下的，即高校是为社会服务的教学科研中心，而非社会中的企业实体。高校的办学自主权、财政自主权基于政府投入和问责调控。同时，社会对高校的认同和资源投入是有条件的，要求更多的社会参与和决策反馈。

高校与社会的这种"若即若离"的良性互动关系可以表述为："若即"是指高校与社会密切联系、互融互洽；"若离"是指高校在思想和理智活动上保持独立，并在外部运行机制上保持相对独立。高校与社会的良性互动主要表现为：一方面，社会是高校的外部环境和基础，高校以社会为存在前提，汲取社会文化和社会资源以完善自身；高校的人才培养和科技输出对象是社会，以满足社会需要和人类发展为价值追求。另一方面，高校作为社会的中心力量，指导社会体系的健全和完善，同时接受社会体系的适度介入和社会环境的影响。

我国高校教育教学管理创新需要接纳高校与社会的这种"若即若离"的良性互动关系。要想在生源市场、教师市场和院校市场中保持竞争力，高校必须提升学术水平，采用最有效的学术管理办法，否则就会面临生存危机。考虑到学术知识的复杂性和动态变化性，可以认为在有竞争性的学术市场中，专业的自我管制仍可能是保障学术自由的最有效的方式。

三、完善内部设计

高校完善内部设计主要应做到以下几个方面：

首先，健全和完善高校章程。高校章程是高校内部权力运行的基础，是高校管理运行的纲领性文件。高校章程可以为高校管理创新提供依据。

其次，优化高校内部决策权力结构，确保学术权力在学术管理中的主导作用。明确学术委员会、学位评定委员会和教学委员会的具体职责，行使学术范围内的决策、管理、监督、实施和咨询职能，加强"三会"组织建设、人才建设、制度设计，依据高校章程坚守学术道义、高校精神以及校训。高校应建立质量为上的学术评价制度，建立公开、透明、公正、严格的聘任、晋升、科研激励制度，让学术管理回归学术本位，凸显严谨求实的学术态度和风气。

最后，完善校长负责制，提高高校的行政管理水平。依据高校章程，明确高校校长行政权力的职责范围和权限，使其专注于服务学术、服务学生和服务学校。

参 考 文 献

[1]杨欣. 教育评价改革的算法追问[J]. 华东师范大学学报（教育科学版），2022，40（1）：19-29.

[2]姚林群，郭元祥. 中小学学业质量标准的理论思考[J]. 教育研究与实验，2012（1）：30-34.

[3]李翔宇. 教育数字治理能力提升的多重逻辑与行动策略[J]. 现代教育管理，2024（2）：52-61.

[4]邢西深，胡佳怡，管佳. 新时代的基础教育数字化：发展动因、基本特征和实践进路[J]. 中国电化教育，2022（12）：107-113.

[5]鹿星南，高雪薇. 人工智能赋能教育评价改革：发展态势、风险检视与消解对策[J]. 中国教育学刊，2023（2）：48-54.

[6]高德胜. 论标准化对教育公平的伤害[J]. 教育科学研究，2019（2）：5-12.

[7]张亮，赵承福. 中小学教育质量评价的问题及其消解[J]. 中国教育学刊，2010（5）：27-29.

[8]钟薇，李若晨，马晓玲，等. 学习分析技术发展趋向：多模态数据环境下的研究与探索[J]. 中国远程教育，2018（11）：41-49，79-80.

[9]朱成晨，闫广芬. 现代化与专业化：大数据时代教育评价的新技术推进逻辑[J]. 清华大学教育研究，2018，39（5）：75-80.

[10]张志华，王丽，季凯. 大数据赋能新时代教育评价转型：技术逻辑、现实困境与实现路径[J]. 电化教育研究，2022，43（5）：33-39.

[11]何永红. 智慧教育背景下学业质量评价的设计：以学习者为中心[J]. 教育发展研究，2019，39（24）：28-32.

[12]郑隆威，冯园园，顾小清. 学习分析：连接数字化学习经历与教育评价：访国际学习分析研究专家戴维·吉布森教授[J]. 开放教育研究，2016，22（4）：4-10.

[13]陈小娅. 中国的实践：基础教育监测的新尝试[J]. 教育研究，2010，31（4）：

3-4，55.

[14]泰勒. 课程与教学的基本原理[M]. 施良方译. 北京：人民教育出版社，1994.

[15]刘桐，沈书生. 从表征到决策：教育大数据的价值透视[J]. 电化教育研究，2018，39（6）：54-60.